エンタテイナーの条件

Conditions of the entertainer
by Koichi Domoto

堂本光一

日経BP社

エンタテイナーの条件　目次

Conditions of the entertainer

CONTENTS

#01 ロングインタビュー①
アイドル兼クリエイターとして
――「だから見えた〝僕のものづくり〟」……9

#02 歌うときに思う、
洋楽的メロディーと日本語の歌詞問題……25

#03 「ダンサー並みに踊るべからず」というメインの流儀……33

#04 外国人ダンサーとの体格差を、どう補うか?……41

#05 「幸せだから追い込む」という非・満足スタイル……49

#06 僕が「あかり」の演出にこだわるワケ……65

#07 アナログ演出の極み！ フライングの極意……73
#08 フライングにおける見せ方のバリエーション……81
#09 動きづらくなる衣装をいかに味方につけるか……89
（フレームフォト スペシャル 前編……106）
#10 激しいダンスより立ち回りが何倍もキツいワケ……121
#11 殺陣は〝日本人の遺伝子〟が大きくものをいう……129
#12 人前に立つのが苦手な僕の〝座長心得〟……137

#13
ロングインタビュー②
僕の目から見たミュージカル・ブーム
舞台への誘い……153

特写セレクション……177

#14
もうひとつの家、これが僕の楽屋ライフ！……185

#15
演者と演出と映像作品制作の狭間で……193

#16
〝カッコよさ〟と〝リアル〟、どっちをとるか……201

#17
舞台空間をデザインする美術セットの魔術……209

#18 歳を重ねるということ――エイジングの考察……225

#19 参加し、鑑賞し…テレビドラマに思うこと……233

#20 現場では監督の思う形に寄り添えるように……241

#21 改修・閉鎖だけじゃない僕の〝会場問題〟……249

フレームフォト スペシャル 後編……264

#22 当事者なのに何もできないというジレンマ……281

#23 失敗から、こんなにも教わるなんて……289

#24 作り手の度量を感じた2つの現場……297
#25 〝見る音楽〟を作り込むミュージックビデオの世界……305
あとがき……321

エンタテイナーの条件

堂本光一

Conditions of the entertainer
By Koichi Domoto

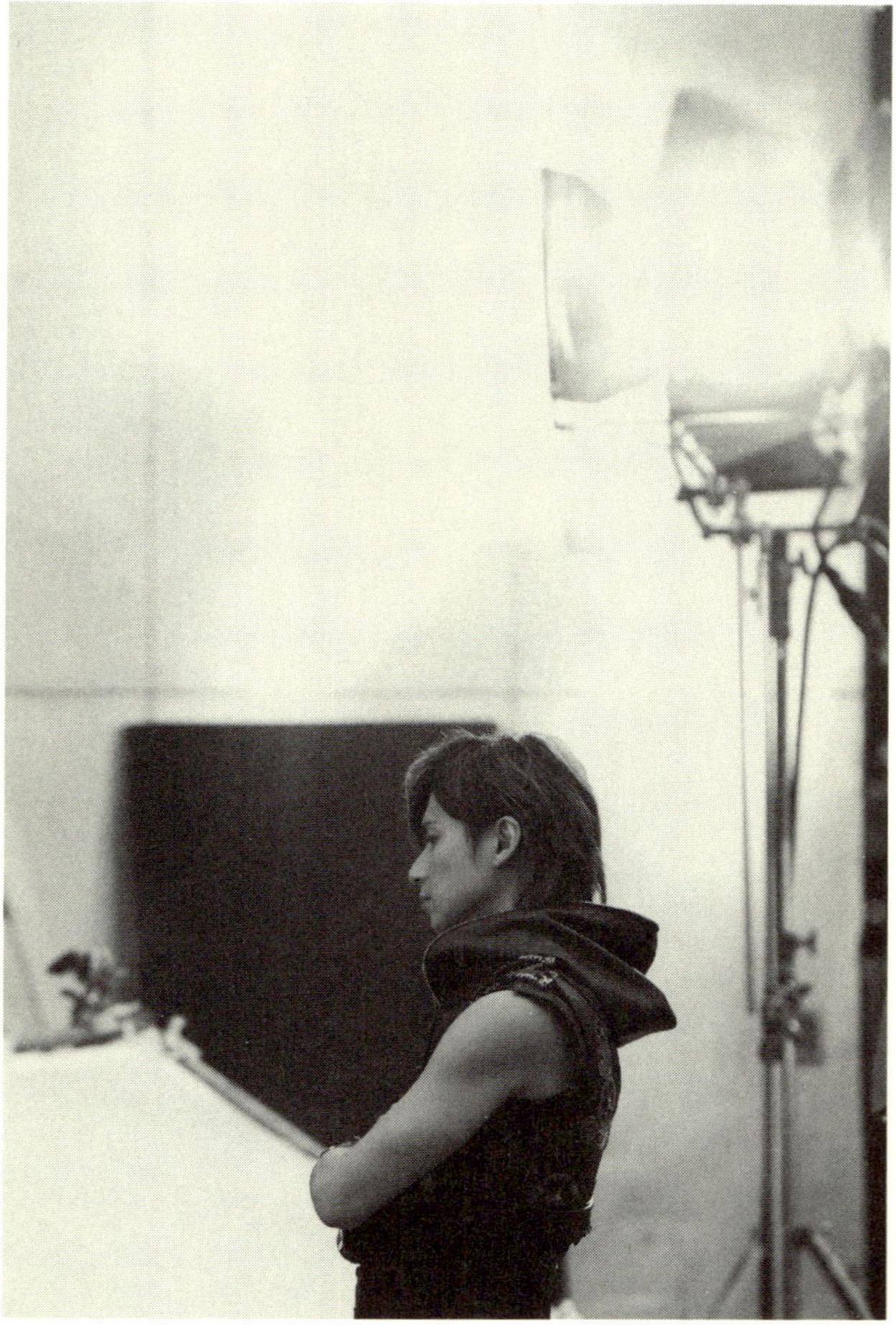

LONG INTERVIEW...1

#01

ロングインタビュー①

アイドル兼クリエイターとして――「だから見えた〝僕のものづくり〟」

この10年、エンタテインメントを取り巻く景色が大きく変わったなか、最強のタレントとは、「ライブ力が高いタレント」といわれる。国内外から新興勢力がいくらのし上がってきても、ジャニーズ事務所のタレント人気が強固なのは、基盤にそうしたライブ力の高さがあるからにほかならない。

堂本光一は、同事務所でもとりわけステージ制作にうるさい男だ。若かりし頃のＫｉｎＫｉ Ｋｉｄｓしか知らない人や、バラエティ番組で見る姿からでは分からないが、実は想像以上に制作面に携わっているのがこの人の素顔である。

彼がファンの間で「王子」と呼ばれるゆえんは、端整な顔立ちや、ステージでの華麗な姿だけにあるのではない。徹底して完璧を求めるプロ意識、自己の世界を表出するために払う研鑽・努力、近寄り難いまでのストイックさ。それらすべてをパフォーマンスを通してのみ語ろうとするプライド。仕事へのそんな潔癖な姿勢が「王子」の呼び名を長いこと彼の専売特許たらしめている。

日経エンタテインメント!では、そんな仕事人・堂本光一の連載をすることになった。ステージワークを中心に、ノウハウや制作にまつわるエピソードを明かしてもらう。

初回は、そのイントロダクションとして、拡大版インタビューを送る。テーマは「ものづくり事始め」。

時はジャニーズJr.時代にさかのぼる。事務所入りは1991年5月、12歳の時。入所と同時に堂本剛とのデュオ、KinKi Kidsが結成された。

ジャニーズJr.の頃に作られた土台

最初に自分たちのステージ作りを経験したのは、ジャニーズJr.の頃ずっと出させてもらってたNHKの『アイドル・オン・ステージ』（※1）。当然持ち歌もない頃ですから、既存の曲を好きに選んで、歌って踊るという感じでした。それが毎週あったことが「自分らが何をどう表現していけばいいんだろう」と考える力を養ってくれた気がします。

曲は事務所の先輩の曲だったり、当時よく聴いていたシンガーの曲だったり、洋楽のスタンダードをメドレーにしたものだったり。スタッフの意見も聞きながらですが、割と自由に選ばせてもらってました。今のJr.もそうだろうけど、当時僕も13、14歳で背伸びしたい年頃だったから、かっこいい曲ばかり歌いたがるんですよ。メジャーサウンドよりも、大人っぽくクールに聴こえるマイナー傾向のものを。僕が作る曲はマイナーコードが多いんですが、その土台はこの頃に築かれたんでしょうね。
今となってはうっすらとした記憶でしかないけど、そうやって自分たちのステージの見せ方を考え、作り上げる作業には、当時から魅力を感じてたんじゃないかと思います。もしも、何から何までプロデュースされて自分たちは言われた通り歌うだけ、というやり方があることを当時知っていたなら違ったのかもしれないけど、うちの事務所のやり方はそうじゃなかったから。Jr.ながらに自分たちのパフォーマンスは自分たちで考えるしかなかった。それが当たり前だと思って。

そういった週1回のルーティン・トレーニングを経て、今度はコンサートの構成にも挑戦。ＫｉｎＫｉ Ｋｉｄｓ初の単独コンサートは、ＣＤデビューから3年も前の1994年末だった。

その時点でも依然、自分たちのオリジナル曲がほぼなかったから、『アイドル・オン・ステージ』でやってた曲の寄せ集めでした。コンサートの流れやメリハリは、（先輩の）バックに付いていろいろ見てきたことも経験としてあったでしょうし、他の人のコンサートを見に行った時、自分がグッとくる感覚が心のどこかに残っていて、その記憶をヒントに作っていた気がします。客として見ててちょっとテンション上がる瞬間ってあるじゃないですか。例えば、開演前に客電が突然暗くなるのも上がる瞬間だし、逆にまだ明るい状態のなか、音楽が先に始まってしまうというのもワクワクするし。

最も影響を受けたのは、マイケル・ジャクソン。積極的にと言えるほどではないそうだが、ほかにもコッソリいろいろなステージを偵察しているという。「でも〝これはやっちゃだめだな〟というふうに、つい職業目線で見ちゃうんで、あまり楽しめてないかもしれない」と。話は一気に彼のエンタテインメント哲学の核心へ近づいていく。

いきなり現在の話に飛んじゃいますけど、例えば機材にしたって、同じものでも使い方次第で違う見せ方はできる。お金がかかってなくても、かかってるように見せる技がいっぱいある。僕らは潤沢な環境で作っているように見えるけど、作ったものがそう見えているだけかもしれない。だって僕がいつも見たり考えることは「限られた予算、限られた時間、限られた条件下で、いかに工夫するか」ですから。

ものづくりする時の順序としては、まず、とんでもないことでもいいから、頭に浮かんだことを臆せずそのまま掲げてみること。それに対して「これは不可能だ、でもこうしたら近いことができるんじゃないか」「まだ無理だな、じゃあ代わりにこうしたらいいんじゃないか」ってすり寄せていく。

すると、だんだん形になっていきます。僕の経験から言うと、そうやっていくと最初に掲げたものより良くなっていく場合が結構あるんです。

さっき言った客電の落とし方にしても、「じわじわと客電が暗くなっていく演出にしよう」と決めたところで、水銀灯の会場だと一斉に落ちちゃうから、場所によってはそれができない所もあります。それなら音楽の入れ方を変えてみたりとか、代わりに何ができるかを考える。しかもその場で、なんてことが少なくない。

だから、〝その時にできる最善の策を模索し続ける〟という作業が、僕にとってのエンタテインメント作りですね。


誰も見たことのないものを見せて、観客を驚かせる。それは堂本が手がける舞台やコンサートの大きな特徴であり、ジャニーズのあらゆるショーワークに息づく絶対的テーマでもある。客の予想を裏切りたい、びっくりさせたい、というモチベーションはどのくらい持って臨んでいるのか。

実は、お客さんの反応については、作る段階ではほとんど考えてないです（笑）。感覚としてはもっと単純で「自分が客だったらこれワクワクするな」と思えるかどうか。だから、誰かにとってはつまらなく映ることもあるだろうけど、それは仕方ない。「俺はこれが楽しいと思う！　楽しくなかったらごめんなさい！」ですよ（笑）。ファンサービスをしないということではなく、自分の感覚を頼りにしないとものづくりはできないということです。

とはいえ、ソロの作品かグループのものかで対応は変えています。ソロコンサートは、いざ初日を開けてしまえば曲順さえも変えたことがない。一方、ＫｉｎＫｉのライブでは、初日以降にお客さんの反応を見て「ここの曲順はちょっと違ったんじゃないか？」って、話し合って修正することが結構ある。ソロに関しては楽曲からして自分が作ってることも多いから、いうなれば〝光一の好きなパターン〟という一本筋があって、お客さんがどういう反応をしようとも「これが正解だ」と信じて見せようとしています。

心に余裕が生まれた瞬間

2000年には後に彼の代表作となる舞台『SHOCK』(※2)との出会いが訪れる。事務所社長であるジャニー喜多川作・演出の同作品は、強靭な肉体と深い表現力が求められるハイレベルなミュージカルだ。

初演はもう〝お祭り〟だと思ってました。事務所の中から東山(紀之)さんとか(今井)翼とか、方向性の似た人が集まって、それだけで面白そうだと思わせるようなイベントでしたし。その前年にも僕は日生劇場で『MASK』というのをやっていて、ミュージカルの楽しさは知り始めてたんですけど、その『MASK』ともまた違うお祭りという感覚で参加した記憶があります。

だから、それ以降も毎年僕が『SHOCK』の主演を務めることになったのは予想外でした。ジャニーさんのイズムを引き継いでいかなきゃという意識が大前提にあるわけではないですけど、ただ、ジャニーさんにNOと言われるものはやっちゃいけないな、とは思ってます。『SHOCK』はジャニーさんの強い思い入れの中で始まったものですから。

2005年には、堂本の意向によって脚本を根底から見直し、オリジナル作品『Endless SHOCK』（※3）として生まれ変わった。これは対外的にも内面的にも、大きな変化だったと振り返る。

あのリニューアルが僕自身に、それまで足りなかったものをたくさんもたらしてくれました。というのも、今思えば2004年頃の自分はどこかピリピリしながら舞台をやってたんです。共演する後輩が思うように動いてくれないと、声張って怒ったり。でも、その年の公演が終わってから「怒ることにあまり意味はなかったな」と思う部分があって。怒ると人は反発するものだし、僕もその時は焦りや感情が先に立って、周りをちゃんと見た上での怒り方ができてなかった。

そういう反省もあって、2005年に新しいものを作り直そうとなった時、スタッフとそれはそれは密接にやりとりをしながら作っていきました。そうすると改めて、「この人たちはこんなに頑張ってくれてるんだ」というのを間近で感じられたんですよね。こちらの無茶な要求に応えようと、非常識な時間まで愚痴ひとつ言わずやってくれる。それは、多分2000

年当初からずっとそうだったんです。僕が見えてなかっただけで。

そういう目で物が見え始めると、スタッフだけでなく共演者のみんなの頑張りもよく分かるようになりました。そしたら、いい意味で力がすごく抜けた。安心感、信頼感を持つことによって、自分の中に驚くほど余裕が生まれてきました。

違う意見を受け入れられないとき

だから20代前半の頃の自分を振り返ると、嫌な奴だったなと思いますよ。何か舞台上でトラブルが起こると「誰だ、ちゃんとチェックしとけよ！」って思ってましたから。違うんですよ、ちゃんとチェックしててもトラブルが起こることってあるんですよ。当時はそういうことも分からないから、「俺は頑張ってるのに何でそんな抜けが出てくるんだ」って勝手にイライラしてた。劇中のセリフじゃないけど、周りが見えてなかった。若さと言ってしまえば簡単ですけど、要は自信がなかったんでしょうね。自分と違う意見を受け入れられないときって、「こうやりたい」と言いながら実は「これしかできない」なんですよ。言われたことに対して「オッケー、それやってみようか」ってサラっと言えるほうがよっぽどカッコイイと思うし、レベルが高い。所詮、自分ひとりのアイデアや判断なんて小さいものだから、周りの意見を聞きながらやったほうがダイナミックなものができる。

舞台に限らずですけど、自信のない状態でやってることって、結局相手に何も伝わらないんですよ。自信のなさはどこかで必ずボロが出ちゃいますから、僕の仕事で言えば、見てくれる人たちに何も残せないんです。かといって、勘違いした自信を持ってやられても、相手は引いちゃうだけ。そうじゃなくて、いい意味で自信を持てるようにならなきゃいけない。そうなると、たとえ下手クソでもある種の説得力を持つことができますから。
もちろん、そういう自信を得るためには周到な稽古や準備が必要になってくるわけですけどね。やってみて分かったことですが、納得いくまで稽古をすると「失敗したっていいや」という気持ちになれるんです。だから自分の納得できる形で本番に向かっていく時間というのは、ますます大事だなぁと思いますね。

自信という言葉を聞きながら思った。以前は作品作りの裏側を見せることをとりわけ嫌っていた堂本が、一部分とはいえ裏側の実情も含めてオープンに語ってくれるようになってきたのは、それも自信や余裕の表れなのかと。

いや、裏側を見せるのは今でも嫌ですよ。基本的にはやっぱり、裏を語るより、そのすべてが本番のステージに集約されてるところを見てほしいというのが僕の望みです。でも、まあ、僕だってマイケル・ジャクソンの舞台の裏側を見る機会があったら絶対見たいと思うし、そういうファン心理は分からないでもないので(笑)。

東京・帝国劇場でしか見られなかった『SHOCK』は、近年になって待望の地方公演も追加。2012年から福岡・博多座で、2013年は大阪・梅田芸術劇場でも9月に初の公演を行う。

正直、『SHOCK』という作品は本来、帝劇でのバージョンが一番の完成形だとは思っています。だけど、繰り返しになりますが、「じゃあこの劇場ならどう見せていくのが最善なんだ?」と探っていく中から、もしかすると帝劇以上に良い演出が生まれる可能性だってある。それを帝劇に還元できるかもしれない。会場を移すということにはそういう未知の面白さを感じます。
そして博多座にせよ、地方でやると新鮮な反応が返ってくるので、それも楽しみなんです。そんな新しいお客さんとの新しい出会いに期待しながら僕はステージに立っています。

（2013年9月号）

※1…NHK-BS2（当時）で放送されていた歌番組。KinKi Kidsは1993年10月〜1997年3月レギュラー出演。
※2…2000年の正式タイトルは『MILLENNIUM SHOCK』。
※3…物語の舞台はオフ・ブロードウェイ。看板俳優のコウイチ（堂本）のショーが評価され、オン・ブロードウェイから誘いがかかるが、慎重派とメジャー志向派が対立。ある日、小道具の刀が真剣とすり替えられていたことにコウイチは舞台上で気付くが、「Show must go on」を信念にしている彼は、真剣を対立相手に渡して芝居を続ける――。
同作の総上演回数は2015年に1300回を突破。今も日本における同一演目の単独主演記録を更新中。

#02 歌うときに思う、洋楽的メロディーと日本語の歌詞問題

「歌についての話」と言われると、うまいわけでもない僕がどこまで語っていいのかという思いもあります。でも一般の人から見れば、僕の職業を〝歌手〟と認識してる人が多いかもしれませんね。自分としては別に何屋さんでも構わないんですけどね（笑）。外国行くとき、（入国審査カードの）職業欄に何て書いたっけ？　って思い出せないくらいですから。

このところボイトレ（ボイス・トレーニング）を週1ペースで受けています。前々から基本的なボイトレはやっていましたが、改めて「声をちゃんと使い分けたい」と思い、舞台用の歌い方を中心に学んでいるところです。僕はミュージカ

ルとポップスの両方の活動をやっているわけですが、ミュージカルは元をたどればオペラの歌唱法から始まっていて、ポップスの発声とは全く別物なので。

その両方をきちんと理解していると、喉への負担も格段に違います。難しいことですけど、使い分けることができれば、表現力にもつながるわけだから、やれることはやっておきたい。そもそも、両方の活動ができる環境にいるなんて、考えようによっては贅沢なことですから。

今のボイトレの先生をはじめ、いろんな方に言われてきたことに、「英語詞を歌う発声で日本語詞を歌え」というのがあります。僕の場合どうやら、英語詞を歌ってるときのほうがいい声の出し方をしてるらしいんです。

日本語ってどうしても母音が強いじゃないですか。僕は、母音だけで歌う練習が苦手。日本語って〝終着点〟がないように感じるんですよね。説明しづらいけど、例えば「ディス・イズ・ア・ペン」だと「ディス」も「イズ」も、単語ひとつひとつが着地できてる感覚がある。日本語だと、「こー」「れー」「がー」。

1音に1単語が乗らないから、終着点が見えなくないですか？　もともと構造が違う言語を、洋楽っぽいメロディーに無理やり当てはめようとしてるがゆえの難しさですよね。

日本語の歌詞は覚えにくい

僕の個人的な傾向ですが、日本語の詞が自分の中に入ってきにくいんです。英語がベラベラなわけじゃないんですけど（笑）、ダンスは「ワン、トゥ、スリー…」ってカウントで覚えていくのに対し、歌詞は割り切れないことが多いから。レコーディングしていても「何でこのフレーズにこの歌詞を乗せたんだろう」って苦しむことがよくある。例えばＫｉｎＫｉの曲『ノー・チューンド』（アルバム『φ《ファイ》』に収録）に、「♪行けばいいんだ～」という歌詞があります。

メロディーのアクセントが「ばいいんだ」で区切られるので、なんか歌詞が入ってこない。考えた末、「行け・ばいいんだ」じゃなく、「バインダー」のつもりで歌ってみたらクリアできました(笑)。

でも、「バインダー」じゃ気持ちがこもらない。そこはやっぱり「行けばいいんだ」の気持ちで歌いたい。となるとノリが合わなくて……そういうジレンマとの闘いなわけです。もちろんこれは作詞家さんが悪いのではなく、自分のクセの問題なんですが。

「歌詞を理解して歌詞の内容を深く伝えよう!」と堅苦しく考えてるわけではないんですが、思ってる以上に僕は言葉一語一語の意味を乗せて歌いたいタイプなのかもしれません。「○○でしょう?」みたいに、はてなマークが付いてる歌詞なのに、メロディーラインが最後下がってたりすると許せなかったりしますから(笑)。

曲に関しても同じような現象はあります。僕らは『LOVE LOVE あいしてる』という番組をきっかけに作曲を勉強し出したんですけど、自分で曲を書くようになると、どうしてもクセというのが出てくる。「このコードに対しては、このメロディーでいきたい」というのが。だから他の人が作った曲を歌うときに「なんでこのコードでこのメロディーにいくんだ?」って、引っ掛かってしまうことがあるんです。昔はそんなこと全く気にしないで歌えたんですけど。

でも、そうした違和感に遭遇することで学べることも多い。自分の世界を広げるためには、自己の世界観にこだわりすぎず、他のものに触れたほうがいいというのは、はっきり言えます。

地声でのトークは要注意

自分の声の長所は……強いて挙げるなら、誰と歌っても融合しやすいところです。それは短所かもしれないけど。幸いなのは、喉の強さに恵まれていること。特別なケアはしなくても、潰すことはまずない。昔、『ＭＡＳＫ』(99年の舞台)の稽古中に潰したことがありますが、以降は一度もありません。「これをやったらヤバイ」というのが分かってきたせいもありますね。

声が潰れるパターンは人それぞれです。僕の場合、舞台上で叫んだりガナったりするのは案外平気で、地声で普通にしゃべるほうが潰れやすい。だから一番気をつけているのはバラエティ番組でのトークだったりします。

ただ、アニメで声の仕事をやった時(『獣王星』06年)、びっくりしたことが。そのとき共演した声優さんに聞いたんですが、本職の声優さんたちって酒は飲むわ、タバコは吸うわという人が多いそうです。もちろん、気を配っている人もいるでしょうけど、喉とか声って、生まれながらの部分がかなり大きいんでしょうね。

単純に自分の声が好きか嫌いかと聞かれると、嫌いですね。もう少し指向性のある声が欲しい。指向性がないから、誰の声とも混じりやすいのかもしれないけど。

昔から聴いてる林田健司さんなんかはすごく指向性のある声だと思います。ビッ！と通ってるじゃないですか。ほかにも、歌舞伎俳優の方とか、決して大声張ってないのに遠くまで声が届く人っていますよね？　あれって聞いた話によると、指向性の強い声をあえて出そうとしているらしいです。

役者の観点から見ても、声の良し悪しは何が正解か分かりません。『SHOCK』の劇中劇でシェイクスピア作品の一部がいろいろ出てくるんですけど、そこではかなりオーバーな声の出し方をしています。なぜなら短時間で各キャラクターの特徴を伝えたいから。――というふうに作品によって、場合によって、本当に様々。一概に「こういう声がいい」と言える答えみたいなものはないんですよね。

ともあれ、ボーカルって何にも勝る楽器であることには違いありません。音階だって上下の限界はあるにせよ、バイオリンにフレット（音の高さを変えるためのネックにある突起）がないのと同じように、無限大に近い音が出せるわけじゃないですか。音色も無限にありますし。

同時に、何をもって上手いとか何をもってイイとか、定義として縛れるものがない世界でもあります。一般的には「腹から声を出せ、喉で歌うな」というのが基本とされていますけど、喉で歌っててすっごくイイ声だなと思う人、いますからね。うまくても届かない歌、下手でも人の心を打つ歌…。僕自身、どうやって歌うことが一番〝人に届く方法〟なのかというのを、今日も探しています。

（2013年10月号）

#03 「ダンサー並みに踊るべからず」というメインの流儀

僕はダンスが大好きです。でも〝ダンサー〟ではないと思ってます。僕みたいに真ん中で踊る人が、ダンサーと同じように延々バッキバキに踊るとどうなるか。舞台全体がつまらなくなるんです。

もちろんシーンによってはバックに付いてるダンサーよりも激しく踊ってやろうというのはあっていいし、必要だと思います。だけど、演目のメインを張ってる人が終始本気で「オラァ〜!!」って踊っていても、美しくないんですよ。

例えばマイケル・ジャクソンのライブを見ていると、後ろの人たちはマイケル以上に素晴らしい動きをしようと頑張ってるのが分かる。でも、マイケルが一番かっこよく見える。それは彼が洗練されてるからなんですけど、僕はそれこそがメインに立つ人のあるべき姿じゃないかと思うんですよね。

真ん中に立つ人は、いい意味で〝(力を)抜く〟ことが大切だと思っています。僕がダンスに関して「神様だ」と思う存在って、錦織(一清)さんなんですよ。力が入ってないのにすべての軌道が計算されて…計算って言い方が正しいか分かりませんけど、軸はブレないし、舞台でとにかく一番に目を引く。巧みな力の抜き具合が半端ない、まさに「メインの人の踊り方」です。〝抜く〟作業は、僕も日々トライしていますが、下手にニシキさんの真似をしようとすると、ただ手を抜いているようにしか見えないから怖い。やってて不安になることがあります。

ともかくそういった意味で、メインに立つ人は、ダンサーと同じダンスを踊っていても役割が全く違うと僕は認識しています。〝ダンスを提供する〟ことと、〝ダンスを魅せる〟ことの違い、とでも言うのかな。魅せられるようになれば、当然そのショーはもっと良くなっていきますしね。

マイケルの振付師に衝撃

『Endless SHOCK』では、マイケルと長年組んでいたトラヴィス・ペインに振り付けてもらった曲が何曲かあります。そこから学ぶものは本当に大きかった。

例えば、これまで僕らが覚えてきたダンスのパターン、つまりコンビネーションには、「こう来たら次はこっち行くだろう」という定石があったりします。それが彼にはない。「なぜそこからそっちの足を出す!?」ということがよくあるんですけど、ハマり出すと気持ち良くなってくる。見ため的にも「なるほどな」と思わされます。

ダンスの中身に刺激を受けたのはもちろんですが、それ以上に尊敬するのは、彼の人柄と仕事への取り組み方です。

振りを付けてもらう過程では、なんとなく形になっていくと、位置決めや、〝振り固め〟（クリーンナップ）と呼ばれる仕上げ・微調整の最終段階に入ります。そこでも容赦なく変更を入れてくるのがトラヴィス。僕はセンターだから「ゲッ」と思うほどのことはあまりないんですが（笑）、「今の振りを上手《かみて》側・下手《しもて》側で反対にして」と言ってきたりします。最初に入れた振りを逆にするって、大変なことなんですよ。でもそれが当たり前。

で、納得できないと「ゾクッとしないな…」とか言うんです。それは僕らに対するダメ出しじゃなく、「自分たちの振り付けが悪いんだ」という認識で。だから、「ＯＫ、チェンジ！」ってまた言われてしまう。こっちは全力で踊っているんだけど、なかなか彼はゾクッとしてくれない（笑）。そんな状態が６～７時間、休憩もほぼなしで続きます。

そうやって最初にもらった振り付けの原形が半分は無くなっていく。クリーンナップが終わってヘトヘトになっていると、「じゃあ、あとは通して全力でやりましょう！」と声がかかる。別の〝全力〟を絞り出して踊って、「ダメ…、もう限界…」って思っていると、「ＯＫ、ラスト３！」。ウソでしょ⁉って（笑）。あれは、地獄を見ましたね。

彼の妥協のなさは徹底しています。『ＳＨＯＣＫ』に関して言うならストーリーやその場面の意味合い、キャラクターの感情なども含めた読み込み方が本当に深い。それだけの情熱を込めて振り付けを作ってくるからこそ、満足いかないと「ああ、私たちの振り付けが悪い」というふうに考えるんでしょうね。彼に会う前、僕は自分なりに突き詰めて作業しているつもりでしたが、あっさり上を行かれた感じです。とにかく、納得のいくものになっていないときの理由が、演者のせいじゃなく、自分の渡したものがよくないからと考えるのは、なかなかできることじゃありません。

個々のダンサーの内面を引き出す上で、また、大人数のカンパニーをひとつにまとめ上げる上においても、全員があのつらさを共有したことはとても有効でした。２０１３年の『ＳＨＯＣＫ』ではアンサンブルの半分以上が新規メンバーだったんですけど、そうやって全員が同じしんどさを共有したことで、前の年やその前の年と遜色ないくらいの一体感が生まれましたから。

限界を攻めて〝自分〟を発見する

そんなに厳しいのにみんながついてこられたワケは、できあがっていくものに対して１人ひとりが手応えを感じられたからかもしれません。自分の限界を攻めていくと、自分発見につながる。できあがっていくものがすごいと思いながら作業できると、自信が沸いてきます。そして、「こんなにすごいものを作っているんだ」と個々が思い始めると、それを早くお客さんに見せたいという気持ちに変わっていく。すると強い精神状態ができる。

逆に、あやふやな状態でモノを作っていくと、何が正解か分からなくなってしまいます。「これでいいかなー」という気持ちでは、できあがったモノも「なんとなく」なものにしかなりません。限界を攻めながら〝行き先〟を見つけていけば、それがそのままお客さんに対してのエネルギーになって飛んで行くと信じてやっています。

僕自身が振り付けをしたくならないのかという問いに対しては、全くならないですね（笑）。自分のソロコンサートとかでちょこちょこ部分的にはやっていますけど、人から渡されたものに挑戦するほうが面白いし、単純に、才能があると思えないので。もっと言えば、振り付けを作ってて楽しいと思ったことがありませんから。

その代わり、振付師にはフォーメーションなども含めアイデアはどんどん出します。だけど完成された振り付けを「はい、こんな振りだよ」って渡されるのは嫌いなんですよ(笑)。だって、せっかく相手が時間をかけて考えてきてくれた振りに対して、後から「ここ変えたいんだけど…」って言うの、申し訳ないじゃないですか。だったら現場で一緒に考えていきたい。僕は踊りながら歌も歌う立場なので、「ここはフリーにしましょう」とかね。相手がトラヴィスでももちろん言いますよ、「これだと歌えない」って。

(2013年11月号)

#04 外国人ダンサーとの体格差を、どう補うか？

ジャニーズJr.の子たちが今どんなダンスレッスンを受けてるのかよく知らないんですが、自分たちの時代と比べると、「みんなうまいなぁ」って思います。まずダンスのジャンルからして違う。僕らがJr.だったころはジャズダンスをすごく簡単にしたものから始めました。で、少し経ってボビー・ブラウンとかが現れて「何じゃこれは！」って思ったわけです。それが今はもう、最初からジャズとファンクが融合された〝ジャズファンク〟を教わるみたいですから。ジャズファンクというのは、今テレビで見るような人たちが主流としているダンスのジャンルです。そのなかでもＥＸＩＬＥさんはヒップホップ寄り…みたいに、最近はダンスの種類もいろいろミックスされてきてるので、ジャンルの線引きが見えにくくなっています。

思い出すと懐かしいですね。毎週土曜、旧テレ朝のリハーサル室までレッスンに通ったなぁ（笑）。まだ東京に住んでいない時も土日に上京してレッスンを受けてました。基本はジャズ。ヒップホップっぽいものは、自ら希望して外国人の先生に習いに行ってました。

バックに付きたての頃は、レッスンをやっていたけど全然うまくなくて、でも、とにかく振り付けをされてステージに出ていました。「Ｙｏｕたち、やっちゃいなよ」パターンです（笑）。一見無茶なんだけど、本番で得たり学んだりすることってレッスンを１００回やったくらいの価値があるから、意味があったと思います。そっから先は、その子次第ですけど。

個人的に好きなジャンルはジャズファンクです。得意ジャンルを広げたいという欲求はあまりありません。だって僕がいきなりロックダンスをガンガンやり始めても、いいと思えませんから(笑)。

普段ジャズファンクを中心にやってるせいか、たまに違う系統のを踊ると体がついていかなかったりします。2年ぐらい前にやってみた〝ハウス〟がそれ。当時受けていたレッスンで、「時間があるから何かやってみる？」と先生に言われて教えてもらったんですが、死ぬかと思いました。延々足が動いてるダンスなんですよ。それまでハウスっぽいことをやった経験はあったんですが、一から学んでみたら自分のスタイルとは合いませんでしたね(笑)。

体格以外にも根本的に違う

ダンサーとしての日本人の体は、身体能力や見た目においてやっぱり不利だとは思います。日本人の中でも体格に恵まれていない僕は、最近の15～16歳の子を見て「日本人も手足が長くなったなぁ」と勝手に気持ち悪がってるんですが（笑）、日本人と外国人ダンサーとでは、テンションの持続力をはじめ、根本的な違いはまだまだあります。

かといって外国人ダンサーでうまくない人もいっぱいいますけどね。ただ、鍛えられた彼らの体つきはやっぱりすごい。『ＳＨＯＣＫ』にも毎年数人の黒人ダンサーに出てもらってますが、お尻プリッですから。そもそも彼らと僕らとは、骨盤の付き方が違うんですよね。

その体格差を補うためにどう魅せたらいいのか。例えば昔、「手をきれいに見せよう」と考えたことがありました。僕は手もズングリムックリで実際は全然かっこよくない。「ダンスは造形の問題じゃない」と自分に言い聞かせながら、やっぱりどこかでその重要性を感じながら練習しました。でも、「手」は「魅せる」にあたってのひとつの要素でしかありません。

それより先に意識すべきポイントは〝体幹〟や〝軸〟です。あと、〝どこでリズムを感じるか〟。僕の実感では、後頭部の中心と胸の奥。このあたりでリズムを感じるようになると、ノリが生まれてきます。

ダンスはセックス

また、すべてのダンスに共通してベースになるのはバレエだと思います。「バレエをやってる人は何でもできる」が僕の持論。美しいダンスには、「肩を上げない」とか絶対的ルールがいくつかあるんですが、それはすべてバレエの基本。それができていると、見たときの印象が全然違います。だからいくらベテランになっても、バレエの人はバーレッスンを欠かさないですもんね。きっちりではないんですが、僕はJr.時代にバレエの基礎を教えてもらったので、それは今も役に立っているような気がします。

あと、極論を言ってしまえば、「ダンス」は「セックス」なんですよ。これは芸事全般にいわれてることでもありますが、「体の表現」という意味で一理ある。情感を出すために「セックスしなさい」って言ってた振付師もいるくらい（笑）。ダンスとは「体の魅力」ですから、そういう考えで踊れば、顕著に差が出てくるのかもしれません。

義務教育でのダンスに思うこと

中学校でダンスが必修になりましたが、先生は大変なんじゃないでしょうか。こんなこと言ったら怒られるかもしれないけど、先生にだって得手・不得手があるから、ダンスが苦手な先生に教わるなんて、お互いに不幸なんじゃないかって心配です（笑）。

でも教育過程に取り入れること自体は、いいことだと思うんです。なぜなら、ダンスをしてる時って心がオープンになるから。というか、オープンにしないとできない。外国では自己表現をしない人がいじめられて日本はその逆といわれますけど、時代も変わってるわけだし、自分の体を使って表現する術を増やせるのなら、こんな素敵なことはないと思うので。

僕自身、昔からシャイな性格でそれは今も変わってませんが、ダンスという表現手段を若いうちから手にしたことは、メンタル面ですごく助けられた気がします。自分がJr.時代に受けてたダンスレッスンは今と比べるとレベルの低いものだったかもしれないけど、だんだん踊れるようになっていったことが当時は楽しくて仕方ありませんでした。それがあったから「この仕事をやっていきたい」と思ったのは確かです。

僕にとってダンスは、やっぱり〝自分を表現する一番の手段〟ですかね。そう考えてみると僕は…ダンスと出会ったことによって、早いうちから良くも悪くも〝自分〟というものを切り分けすぎちゃったのかもしれない。仕事場にいる時の自分と、そうでない自分を。その2つがもう少し統合されてたらもっとバランスのいい大人になってたんじゃないかなと、今さらながら反省していますす（笑）。

（2013年12月号）

#05

「幸せだから追い込む」という非・満足スタイル

お芝居についての話って難しいんですよね。なぜなら〝守ってくれるもの〟が少ない気がするから。歌ならメロディー、ダンスには振り付けといった〝ガイドライン〟がありますが、お芝居ってそれにあたるものがない。セリフの言い方ひとつとっても、無限の表現方法が広がっているだけです。

僕がドラマに初めて挑戦したのは、単発ドラマ『愛よ、眠らないで』（日テレ系、93年）です。その翌年に（堂本）剛と『人間・失格』（ＴＢＳ系）に出ました。このドラマはオーディションだったんですが、右も左も分からない状態のまま受けに行った記憶があります。

これがまた変わった役でした。「机に頭を打ちつけ、血を流しながら『頭の中にハエがいるんだ！』と叫ぶ」って台本に書いてあるんですよ。15歳だった僕の理解をはるかに超えた役でしたが、今思えば、逆にそれが良かったのかもしれません。役柄の狂気をどうやったらカメラに映せるのか自分なりに考えていたんですが、お芝居のイロハも知らずに体当たりしたことで、役のエキセントリックさみたいなものが出てたんじゃないかと感じるからです。

今でも、「こいつ、全然理解できないや」という役のほうが、思いっきり演じられます。悩むことなくできる分、百人百様の捉え方をしてもらえる〝想像の余白〟も残せる気がします。

逆になまじ共感する人物を演じると、整合性や共感性をあれこれ考えて、「俺はこういうことを伝えたいのに！」という執着が出てくる。結果、想像の余白が埋まってしまいがちになるんですよね。

僕は、映像での芝居と舞台の芝居とは別物だと思っています。テレビドラマだったら、画面という〝箱〟の中で芝居している感覚。カメラのフレームからはみ出すことなく、効果的なアングルを意識しながら演じるには、独特のテクニックと持久力が要求されます。

舞台芝居が大げさになるワケ

舞台も持久戦ですが、〝ライブ〟なので、放つエネルギー、つまりそこで生まれるパワーのほうが重要になってきます。舞台的なお芝居を「大げさで苦手だ」と言う人もいると思いますが、舞台の上でドラマと同じお芝居をしたら、それは絶対間違いなんですよ。

例えば発声のできてない人が舞台に立ったとしても、マイクで声を拾ってPA（拡声装置）でまかなえば大きく聴かせることはできます。大きな劇場でマイクを使うことは当然なのですが、それでもスピーカーから出てくる声と、直接生身の体から放たれる声が同居したときとでは、お客さんに伝わるものはまるで違う。

テクニック面でいうと、海外の俳優は大学の演劇科などで勉強するのが普通ですが、日本ではあまり重要視されてません。僕は個人的にそういう状況が怖いなと思って、演技のワークショップを受けに行った時期があります。そしたら感覚が少しずつ変わってきました。怒りの表現をするために、いっぱい立てられたポールみたいなものを張っ倒しながら叫ぶといった訓練がいろいろあったんですが、やっぱり基礎は後々役に立ちますし、なにより自信が身につきました。

「好きな俳優は誰か」という質問には答えたくないですね。「あの人を意識してるのね」って勘ぐられるのが嫌だから（笑）。すごいと思った方で記憶にあるのは、舞台上で、役から素に戻る瞬間というのを目の当たりにしたある女優さん。カーテンコールで出てきた時までは役の雰囲気だったのに、客席に一礼した瞬間、ふぅっと何かがほどけたように素になったんですよ。特に何をしたわけでもないのに、明らかに別人でした。あれは「うわー!」って思いましたね。

僕の〝ほどける〟瞬間はいつだろうと考えると、やっぱりカーテンコールで礼をする瞬間かもしれません。逆に幕が上がるまでの時間は、いつも怖くて怖くて仕方がない。今日の自分の状態で体力的・精神的に保つだろうか、ちゃんと表現できるだろうか…って。

『Endless SHOCK』に密着したドキュメンタリーで映った姿がリラックスしてるように見えるのは、そう装ってるだけのことで、ある意味、そこからもうお芝居が始まっている。怖いけど、それに飲み込まれてしまったらアウトですから、そうならないよう、平常心でいようと自分を制御しています。だからあえてアゲもしない。それが僕のやり方。

でも幕が上がってしまえば、自分の中のスイッチが入ります。『SHOCK』

には「階段落ち」という見せ場がありますが、それも不思議なもので、本番中は全く痛みを感じないんですよ。リハーサルでは痛くて仕方ないのに。だから最近はリハーサルではやりません。本番前に落ちるのは、ゲネプロ（通し稽古）の1回だけです（笑）。

実年齢が役を超したとき

年齢によって演技が変わってくるというのも、実感としてかなりありますね。『SHOCK』で演じているコウイチという人物は、現行の脚本が作られた2005年時点では非の打ちどころがない〝スーパーマン〟だったんです。舞台に立つ者としてあるべき精神をそのまま注ぎ込んだ、いわば僕の理想像。でも自分の実年齢が役の年齢を超えたことで、未熟さや弱さが見えてきて、そこを表現したくなりました。だから今のコウイチは最初のころに比べると、かなり人間臭くなりましたね。もしかしたら――もしかしたらですけど、弱い部分を表現しようとしてる分、僕自身のほうがコウイチよりもちょっぴり強くなったのかもしれません。

また、日々感じることですが、ストーリーというものは、世の中が平穏でない時、豊かでない時のほうが生まれると思っています。その時代にある日常の鬱憤や悲しみが、娯楽へと昇華して、時間が経つと文化になるんじゃないかな。僕は『ミス・サイゴン』みたいな救いのないストーリーが好きなんですけど、悲劇の類を好きなのは、今の自分が幸せだからなんですよね。日常が平和だから、エンタテインメントで悲しみ、苦しみを求めることができるというか。今の世の中だって、本当に困ったり悩んだりしている人は、心穏やかになるような、幸せなストーリーを見たいでしょうから。

恵まれていない世の中のほうがストーリーが生まれる。なのに、恵まれた世の中でないとそのストーリーを見る人も演じる人もいなくなってしまう。皮肉な話です。だからこそ、こういう表現の仕事をしている人間には〝自分を追い込む作業〟が必要だと感じます。

では、どうやって追い込むのか。悩むことです。満足しないこと。常に「もっともっと」と思って満足しなければ、必然的に追い込まれていきますから。『SHOCK』の中に「苦しめばひとつ表現が見つかる」というセリフがあります。お芝居に正解がないように、僕の自問自答はずっと続くんでしょうね。

（2014年1月号）

#02

『Endless SHOCK』の歌稽古風景。同じメロディーでも歌詞が違うと、発声方法が変わってくる。どうしたら世界観を壊さず伝えられるか。言葉を構成する音の性質によってアプローチを変える地道な作業。満足いく出来になかなか到達せず。

#02

何百回歌っている歌でもこのようなトレーニングは続く。体が覚えている歌だからこそ、知らぬ間についてしまったクセやウイークポイントを修正。

#03

大阪・梅田芸術劇場。初日目前の稽古で舞台中央付近にくぼみを発見。事故のもとになるので、すぐに補修。

『Endless SHOCK』のトラヴィス・ペイン振り付け『夢幻』稽古風景。ジャンプや上下運動が多く、ハイカロリーなのが特徴。

手・腕の使い方もトラヴィス・ペインの振り付けは独特。角度が全員合っているか入念にチェック。

アメリカの振付師、ダンサー、プロデューサーであるトラヴィス・ペイン。主にマイケル・ジャクソンとの仕事で知られ、堂本の舞台やソロ曲も数曲振り付けている。

#04

堂本のバックで踊る外国人ダンサー。
体つきは確かに「すごい」の一言。

全身を使うダンスが多い『Endless SHOCK』の中でもひときわ激しい『Higher』。

指先の美しさが作品全体の優美さを増幅させる。

#04

#05

『Endless SHOCK』第1幕、階段落ちのシーン。
衣装にはもろちんプロテクターが入っているが、
それでも痛くて仕方ないという。

#05

カーテンコール。劇中の“コウイチ”がほどけて“光一”に戻るのは、この瞬間。

左上／2012年、ソロコンサート『Gravity』の照明作りの様子。メインステージと花道をリハーサル会場に組んで入念に作り込んだ。

左下／ステージにおける瞬間瞬間の照明は、こうやって演者に光を当てながら調整する。

#06 僕が「あかり」の演出にこだわるワケ

ステージワークにおける演出技法の中で、照明・光が負う重要性は、全体の90%、いや95%に及ぶと僕は思っています。光というのはそこにあるすべてをもれなく染めることができるわけで、それって人間の視界すべてを支配しているということでしょう? だからショーが〝目で見て楽しむ〟ものである限り、何よりも重要な存在だと思うんです。

昔から光の使い方を意識はしていましたが、自分が積極的に参加して作り出したのは、2回目のソロツアー『mirror』(06年)のとき。『mirror』は全曲自作の初めてのアルバムだったので、演出意図が明確だったこともあります。照明って、ステージの成否に直結するほど大事な要素なのに、そこに立ってる当事者には全く見えないという矛盾もあるんですよね。だから前もって綿密に打ち合わせておきたい気持ちがだんだん強くなって。

イメージが湧いてくるのは、振り付けやリハーサルの段階です。音に合わせて上からのサス（サスペンションライト）が来るとか、ダンサーをひとりずつ違う色で抜いていくとか、浮かんだ演出をその場で照明さんに伝えてプランニングしてもらう。もちろん照明さんからの案を叩き台にする場合もあります。

〝作り込んだもの〟や〝現実からかけ離れた空間〟を作り出すのが好みである僕にとって、「あかり」の大切さは計り知れません。ソロ曲は方向性もほとんどがそっちなので、自然光にはてんで向いてないんですよね。僕が野外ライブをやらないのは、だからです（笑）。

ちなみにソロコンサートでは、お客さんが会場に入った瞬間からワクワクできる空間をあかりの効果で作るようにしています。大きな会場のコンサートって緞帳《どんちょう》がないじゃないですか。僕は、開演前にステージセットが見えてるのが嫌い。それで『BPM』ツアー（10年）のときは、電飾でステージを全部囲って、ムービングライトをゆっくり動かしました。お客さんはたまに逆光を食らう感じになるんですけど、開演までセットの中を見にくくしたんです。ステージが生き物だとすると、〝そこにいるけど眠っている〟みたいな雰囲気も出ますから。「ここで何が行われるんだろう？」「このセットがどういうふうに展開していくんだろう？」って気持ちも高まると思って。

ドアオープン（開場）の時から空間を演出したいという発想は、ブロードウエイやラスベガスで見たものの影響も大きいです。どっちも街自体がエンタテインメントしている場所ですが、ブロードウェイの劇場はロビーに至るまで、演目ごとの雰囲気に沿って作り込まれているので、入った瞬間からすごいワクワクさせられるんですよ。

「開演前」というと思い出すのが光GENJIの大阪でのコンサートです。僕が最初に立ったステージがこれ。浴衣を着せられ、場内がまだ明るい中、「ステージの真ん中で花火をして」って社長（＝ジャニー喜多川氏）に突然言われました。わけ分かんないし、とにかく恥ずかしかったけど、言われるがまま花火をしていたら、客電がだんだん落ちて、場内が花火のあかりだけになりました。すると音楽がかかって大爆発とともに光ＧＥＮＪＩが登場する――という演出。ジャニーさんの思いつきだったんでしょうけど（笑）、今思えばなんて素敵な演出だろうって思います。

こんな光が欲しい！

ずっと切望しているのは、届く距離をコントロールできる光を誰か開発してくれないかなぁということ。まあ、絶対無理でしょうけど(笑)。僕は漏れあかり（＝照らしたい対象物以外にも光が当たってしまうこと）が嫌いで、それを最小限に抑えるために頭を悩ませているのですが、〝○メートルまでは届く、それ以上は届かない〟という光が開発されたら悩みが一挙に解消されるでしょう。…と、常々そんなことを言っては、変な奴だという目で見られてるんですけど（笑）。

でも〝通常の光より若干遅い速度で進む光〟なら開発されたらしいんですよ。研究がもっと進めば、レーザー光線だって、ピッ！　と一瞬で出てくるんじゃなく、ニュウ〜ッと伸びていくものができるかもしれない。面白そうでしょ？

ともかく、そうした漏れあかりの問題もあって、ホールで行うコンサートでは正面からのピンスポットよりもサイドからのものを好んで多用しています。横からの光は人間を立体的に映し出すので、ダンサー同士の前後関係を分かりやすく見せられるし、左右の光がクロスするから、形としてきれいというのもあって。ステージサイド席のお客さんにはまぶしい思いをさせて申し訳ないですけど、ＭＣでは「俺が輝いていると思え」とフォローしています（笑）。

プロジェクション・マッピングもかなり浸透してきましたね。僕はあの前身であるＰＩＧＩ（ピジー＝フランスの投影機）というのを最初のソロコンサート『１／２』（04年）で使ったんですが、今では当時より格段に高い立体効果が得られるものが出てきています。

〝不都合〟こそがチャンス

でもマッピングに限らず、新しい技術もすべては使い方次第というのが僕の信念。例えばドット・イメージにしても――あれは１個１個の光の粒が独立してワイヤーで吊られてるんですけど、本来は隠すべきそのワイヤーにあえて照明を当ててみたらどう見えるか、いろいろ検証したことがあります。そうしたら、ワイヤーが雨みたいに浮き上がって見えて「これはこれで面白いかも！」という発見につながりました。

どんな機材にも言えますが、「不都合な使い方」を逆に演出として見せてしまうと、意外に効果を上げることが多い。新技術、新機材なんてそうそう生まれてくるものでもないし、それを次々採用できる予算も現実的には取れませんから、同じ機材を使いながら新しく見える工夫をする。僕はそうしています。

『Ｅｎｄｌｅｓｓ ＳＨＯＣＫ』では従来、映像を映す大きなモニターにエスレックと呼ばれるＬＥＤ素材を使っていました。これは映像の目が粗いのですが、そこが僕の萌えポイント。なぜなら精密で美しすぎる映像だと舞台の〝人間味〟がヘンに損なわれていくから。芝居の世界観がアニメチックになってしまうというか。でも２０１２年に帝劇さんが最新鋭の精密なものを買ったので、それを使わざるを得なくなりました（笑）。細かい画素にどう対応しよう？ と映像班と相談した結果、光量を落とし気味にして、照明も前より作り込んだものに変えたら、効果的なものができた。結果としてはよかったんですけど、最新鋭の機材を導入することで課題が生まれてしまうこともあるという一例です。

ちなみに、私生活では照明器具に対するこだわりは全くありません。強いて言うなら目が疲れるから蛍光灯は嫌いってことぐらいかな。自宅には備え付けの間接照明以外は何も入れてないですし。ミニクリプトン球のね。

〝光〟――という名前の由来？　1月1日生まれだから、初日の出のイメージらしいです。新年発売の号にぴったりですね（笑）。

（2014年2月号）

#07 アナログ演出の極み！　フライングの極意

ジャニーズの舞台演出というと、フライングを思い浮かべる方も多いんでしょうか。そもそもフライングの歴史ってどの先輩からなのか……僕が思い出せる限りでは、少年隊のミュージカル『5nights』(98年)かな？　あれをきっかけとして、その翌々年の『MILLENNIUM SHOCK』でフライングをガンガンやり、周りでもやる人が増えていった、という印象があります。あくまで僕の中での認識なので、間違っていたらごめんなさい。

でも今言ったのは、フライングの中でも現在僕がやっている形に近いものに限った話です。『Endless SHOCK』で披露しているのは5種類。いわゆるただの宙吊りなら、もっと昔からいろんな方が取り入れてたと思います。

僕が初めて空を飛んだ日？　覚えてないですね…。ＫｉｎＫｉとして香港や台湾でやったコンサートが２０００年、２００１年あたりで、その時、既に飛んでた記憶があります。股が痛かった記憶もうっすらと（笑）。今でも多少痛いことは痛いんですが、昔に比べるとハーネス（安全ベルト）が随分コンパクトになりましたし、吸収材の利用などで股への食い込みもかなりマシになりました。

とはいえ――これはちょっと意外と思われるかもしれないんですが――僕は、ハーネスの機構がどうなってるのか実は全然知らないんですよ。着脱する役をやってくれてるメンバーは熟知してるんでしょうけど、着け方も外し方も、自分の背中側だから見えなくて、何千回と飛んでるのに一切分からない。知ってしまうと不安になりそうなんで、知らなくていいんですけどね（笑）。

フライング成功の鍵は、なんといっても綱元（＝ワイヤーを操作する専門スタッフ）と呼吸を合わせること。『ＳＨＯＣＫ』の場合、フライングチームは７人ぐらいいて、綱元は３～４人で操作してます。

機械制御より手動が安全

長く公演をやっていると、２～３センチのワイヤーの長さの違いも感じるようになってきます。僕が床を蹴って体重をかける間合いをはじめ、日々少しずつ違ってくることを綱元の人たちは、長年の経験から得た肌感覚で調整します。随分アナログだと思うかもしれませんが、コンピューター制御にしない理由は、安全性を考えてのこと。相手が機械だと、アクシデントがあったとき、そこで終わりですから。

今だから言えますが、２００５年の『Ｅｎｄｌｅｓｓ ＳＨＯＣＫ』の通し稽古の時に、緩んだワイヤーが首に回りかけたことがありました。大声を出して止めましたけど、もし稽古で何事もなく進んで、本番でそれが起きたら…と考えると恐ろしい。もちろんその箇所はすぐ改善されて、今ではそこまで危ないことはないんですけどね。

ただやたらと飛んでいるわけではない

僕のこだわりは、決して〝意味もなく飛ばない〟ということ。あくまでストーリーの流れに沿って飛んでいます。お客さんに「なんで今、この曲で飛んだの？」って思わせてしまったら、飛んでるほうも恥ずかしいですから(笑)。いくら派手で華やかであっても、無意味な演出はやりたくないので、妥当だと思う部分にしかフライングは入れてません。

だから、2012年にやったソロコンサート（『Gravity』ツアー）では飛んでませんし、その前の時（10年『BPM』ツアー）は、ハーネスなしの〝手かけ〟（=ロープに付いた輪っかに片手を引っかけて吊るされる方法）で降りるというのをやりました。なぜなら、『暁』という曲で、1コーラス目を高い所で歌いたくて、そこから降りてくる手段がほかになかったから。壮大な感じの曲だから、人が一瞬でも宙を舞うのがいいと思って。これだけ言うと、とってもお手軽な演出のように聞こえますが、〝手かけ〟って腕力次第なんで、やりたがらない人もいるみたいです。

普通のフライングに関して言えば、僕は2点吊りが嫌いなので、もっぱら1点吊りばかり。2点吊りというのは腰の左右から、1点吊りは背中から吊られます。2点のほうが安定感があり、真っすぐ前進できるという長所もありますが、自分の意思で動きを作れないから、優雅さに欠ける気がして好きじゃないんですよ。

1点吊りにも〝猫つかみ状態〟になってしまうという短所があります。僕の場合はお尻が上がっちゃうことはないけど、きれいな体勢にするためには、筋力で姿勢を保たないといけない。だからめいっぱい背筋を使って胸を反らしてます。回数を重ねながら、よりきれいに見える姿勢を模索して今のスタイルに落ち着きました。

やってて難しいところとツウなポイント

1点吊りの場合はどうしても後ろに引っ張られる感じになるので、その力に抵抗しながらきれいに飛ぶにはどうすればいいかというのはすごく悩んだところです。で、ある時ひらめいて参考にした運動種目があるんです。内緒ですけど（笑）。僕はそれをイメージして基礎を作ったかな。

ハーネスを着けた普通のフライングなら、誰だってできます。吊られればいいんですから。だけどそれをちゃんとショーとして成立させるためには技術が必要です。

くるくる回っちゃったりするのを抑えることももちろんですが、難しいのが〝着地〟。後ろ向きで着地をしにいくのが、素人にありがちなんですが、実はこれが危険。見た目にも汚いですしね。

フライングを鑑賞する際のツウなポイントを挙げるなら、ワイヤーの支点での切り返しです。そこの動きでその人の技術力がだいたい分かります。

あと、フライングというからにはやはり〝吊られてるように見えるか、ふわっと飛んで見えるか〟が非常に大きな違いだと思います。お客さんに「気持ちよさそうだな」と思われてこそ素敵なフライングと呼べる。やってるほうは気持ちよくないとしてもね（笑）。ダンスでも何でもそうですが、体に負担がかかるものほど優雅に見えるものなんです。

ただ、矛盾するようですけど——筋力をフルに使う反面、筋力を使わず、重力に逆らわないのも自然に見せるコツ。筋力と引力をミックスしながら、見せたい動きを作っています。

（２０１４年３月号）

#08 フライングにおける見せ方のバリエーション

『Endless SHOCK』でやっている5種類のフライングのなかでも、変わったところでいうと「リボンフライング」があります。シルク・ドゥ・ソレイユさんでもやってる技ですね。タネも仕掛けもなし。腕の力だけで布を支えて飛びます。ワイヤーで吊ってると思われたらしゃくだから(笑)、腕に布を巻きつけるところから必ず見せてるんですけど。

なにしろ拳で握った布を肘に引っ掛けるだけなので、肘から布が外れちゃうと一気に体勢が崩れてしまいます。そしたらどうするかって？　気合いで立て直すのみ(笑)。それも無理なときはパッと諦め、布をつかんだまま、〝手かけ〟

に似た形にして飛び続けます。ここまでなることは、最近はまずないですが、実際それでしのいだことはあります。

リボンフライングの際、手首にはリストバンドを着けますが、それは肘から手首の間がすごく痛いから。全体重がかかっている布の圧力でビーンと締めつけられるので、リストバンドをしてないとびっくりするような跡が残るんです。あと、親指と人差し指の間がずっと擦れるというか圧迫されるので、黒ずんできたりもします。

「ラダーフライング」は名前の通り、客席の天井にぶら下がった4本の梯子から梯子へと空中を渡るフライング。僕の単純なひらめきから生まれました。

大技感がある上、物語の中でもクライマックスにあたる場面なので、お客さんも固唾を飲んで見守ってくれてると聞くんですが、正直、客席からの緊張みたいなのは感じません。あそこはもう、役柄として「最後のショーを絶対に成功させるんだ！」という気持ちの中で生きてるんで。体力的にも結構限界に来てるタイミングということもあり、完全に役に集中しています。ラダーを始めた最初の年、前日の夜中のリハーサルまで一度もうまくいかなくて、挙句の果てにはロックをかけた状態で梯子を上げようとしちゃって梯子が曲がるというトラブルがありました。次の日、本番前超ギリギリで梯子は復旧したんですけど、リハーサルで成功していないまま本番を迎えたんですよ。でも本番ではできちゃったんですよね、これが。こういうことってよくあるんですけど、いかに本番のエネルギーが恐ろしいものかと思います。

〝2階客席降り〟誕生秘話

ラダーフライングの最中には、2階席の先端に着地する〝客席降り〟があります。劇場の構造上、帝国劇場以外の公演ではお見せできないのが残念なんですけど。

今思えば、これは物理的にも際どい挑戦でした。最初の年は相当念入りにリハーサルを重ねました。

そもそも「2階席に着地できるんちゃうか?」と思いついたのは、ラダーの練習の時、いつも2階席の壁を触れそうなくらいまで飛んでたから。最初は無理だと一蹴されましたけど、「行けるって!」と言い続けてたら、フライングチームが「こういうふうにならやれないことはない」というやり方を考え出してくれて。最初はやっぱり危なかったですけど(笑)。

ワイヤーを吊るレールを2階席ギリギリまで伸ばせば簡単に届くんじゃないの? って思うかもしれませんが、あまり伸ばすとお客さんの視野を遮っちゃうので、それはできないんです。だから振り子の原理を使って勢いをつけ、遠くから2階席の縁へ「よいしょ」と降りるんですが、そこでピタッと着地するのも見せ所。降り立った瞬間には前に行く力がものすごくかかってるから、その瞬間、綱元がほんの少しだけ僕を後ろに引っ張ってるんです。そうしないと勢い余って前に倒れてしまう。逆に引っ張られすぎると今度は後ろによろめいちゃう。後ろによろめいたら背後には何もないから、再び空中へ帰るしかない。

ワイヤーの長さも限界まで短くすると2階席に届かないし、逆に長すぎると今度はぶつかってしまいます。だからそこは振り子の動きをしている時に、僕が体を縮めてぶつからないようにするしかない。まだ実際にぶつけたことはありませんが、念のため弁慶の泣き所にはガードを入れています。

ほかにも思わぬ盲点があります。大量のピンスポットを浴びてるから、光量がすごくて僕からは何も見えなくなるんです。だからその瞬間だけ、レーザーを僕の降り立つ位置に合わせてもらって、着地点の目印にしてます。

リスクが高い技ですが、やる意義はありました。いまだに2階席の一番前の人の中には、びっくりしてのけぞる人がいますから。そういう反応を見るとしめしめ…と思いますね（笑）。

幻となった〝ゴムロープフライング〟

傘のフライングは、体に一切ワイヤーを着けず、片手で持った傘のワイヤーだけで空を飛びます。すごいイリュージョンに見えるかもしれませんが、実は歌舞伎の書物に載ってる古典技術のひとつで、それを『SHOCK』流に組み込んだもの。僕としては体力的にも負担が全然なくて一番ラク。ラクって言うと夢がないんで〝右腕の腕力で頑張ってる〟ということにしておきますけど(笑)。これを含め、フライング全体通していえるのは、種類によって使う筋肉も全部違うということです。

余談ですが、もっともっとフライングのバリエーションってないものかな？と模索してた時期に、ロープをゴムにするという案もあったんですよ。ゴムのロープにテンションをかけて、客席側にびよーんと行って、びよーんと戻ってくるという。バンジージャンプの応用みたいなものですね。だけどゴムって予測不可能な動きをするので、リハーサルの時にちょっとした事故があって。びよーんって上がったはいいけど、戻ってくる時、そのままステージに叩きつけられてしまったんです。びよーん、ゴン！　って、頭から落っこちた。

10分くらい意識を失ったらしいんですけど、あとは平気だったから「たんこぶできただけだ」なんて言って稽古を続行してました。でもその時メリーさん（事務所の副社長）に言われたのが、「病院で診てもらうことも座長の仕事よ」。確かに「それで周りが安心できるんだ」と気づいて、その年は幕開けてからの1週間、病院から劇場に通いました。病院ってめちゃくちゃ快適なんだなーと思いながら、くつろいでましたけど（笑）。

一口にフライングといってもいろんなパターンがあって、それをどうやったらさらに違うように見せられるかと、今も知恵を絞っています。同じ〝飛ぶ〟

という演出でも見せ方によってがらっと印象を変えられ、違うものにできる。『ＳＨＯＣＫ』のフライングを通して僕が学んだことです。

（２０１４年４月号）

#09 動きづらくなる衣装をいかに味方につけるか

「衣装」と聞いて思い出すのは、昔、先輩のコンサートのバックに付いてた時代のこと。当時は着替える場所も十分になくて、ステージ袖の暗がりの中、「俺ここ！」って、めいめい着替えるスペースを取り合いしてました。

10代の頃のコンサートはとにかく着替えが多かった印象です。それはもうアホみたいに、数分おきに着替えてた(笑)。飽きさせないというジャニーズならではのこだわりですけど、今の僕はコンサートでの衣装替えの必要性をあまり感じない派です。それよりもパフォーマンス重視でありたいから。ソロコンサートでは大体4～5ポーズぐらい、それも、下は着回したまま上着だけ脱ぎ着する程度が自分にとってベストですね。

言っちゃなんですが、僕は衣装のことはあまり詳しくないですよ。私服のこだわりもないし、およそオシャレといったものに全く興味のない人間ですから。正直言って、服に関する知識は一般の人以下です。「その服似合うね」なんて会話を不毛だとさえ思う（笑）。だってそれは僕自身が褒められてるわけじゃないんですから！

そんな話はいいとして（笑）、仕事としてなら、衣装のことを考える機会は多々あります。だからファッションに興味がないとはいえ、自分に似合う・似合わないは見分けられるつもり。ステージに立ったときの具合もイメージできますし。どんなものが似合わないかって？ 短パン、腰履き。見たことないでしょ？ 僕は骨盤の幅がないから、パンツを腰で履こうとするとズリ落ちちゃうんですよ（笑）。

僕がステージ衣装を考える時は、〝ダンス〟を中心に考えることが多いですね。

ダンスと衣装は密接な関係にありますから。

いいダンサーは衣装を味方につける

例えば主役の衣装ってどうしても重くなりがちだから、それが仇となって非常に踊りづらい場合も出てきます。ある程度はしょうがないんですが、装飾がいきすぎていたり、「肩が上がらないよ」といった場合は、さすがに衣装さんに言います。

だけど一方で、衣装を味方につけてしまえば、踊りを引き立てる強い武器にもなりえます。分かりやすいところで言うと、揺れるラインとかドレープとかですね。

『Endless SHOCK』の中でそれが一番よく表れているのが、終盤で踊る『夜の海』。「この衣装がこんなふうに流れたらきれいに見えるだろうな」と考えることで衣装を味方につけながら全体を作っていきました。(事務所社長の)ジャニーさんは、僕が着てる赤とダンサーたちの着てる赤が同じ赤系統で似てるからって、あまりお気に召さなかったみたいですけど(笑)。

ジャニーさんはとにかく、くっきり・はっきりと〝誰が主役か〟分かるものが好きなんですよ。主役とバックの人たちは似た色を着るべきではない、という考え方。

それは基本中の基本として絶対に正しいんですが、一方で僕の好みには、やはりマイケル・ジャクソンが強く影響しているんですね。彼が「MTVアワード」で『Dangerous』を歌ったとき、バックダンサーたちとほぼ同じ黒いスーツを着ていて。なのに、どこから見てもやっぱりマイケルだけが目立っていた。そういう、〝統一感の中にある別格感〟みたいなものを自分は目指したいんだと思います。まぁ、あの「MTVアワード」はテレビ用でしたから、あれをドームみたいな広い会場でやるとなったら、また話は違ってくるかもしれませんけど。

『SHOCK』のようなオリジナル作品の場合、衣装部にしてもどのセクションにしても、最初はまず、どう主役を際立たせるかに注意がいきがちです。でも長年やっていると、僕としては、周りとの統一感ももっと強化していきたいという思いがあります。

なので最近は、自分の衣装よりアンサンブル（＝共演者）の衣装の改善を求めることが多いですね。あまりにも主役との格差があったり、色味がマンガ的だと気になるじゃないですか。青い服に白の靴とか、黄色い服に白の靴とか…「ドラえもん・ドラミちゃんじゃないんだからさ」って(笑)。『SHOCK』の衣装は流行に左右されないスタイルにはしてますけど、「もうちょっと格好よくしようよ！」とは…言うかな。そういうところを少しずつ直していくと、全体像がブラッシュアップされますから。主役ばかり際立ってもしょうがないんです、ダンサーにも格好よくなってもらわないと(笑)。

衣装のスペアは基本ナシ

ダンスと衣装の関係性で言うなら、特に重要なのは靴です。フォーマルな衣装なら普通のダンスシューズで済むんですけど、例えば(『SHOCK』劇中の)『Higher』のシーンは靴選びにかなり迷いました。激しいダンスのこの曲は、ジャケット以外は私服という設定。でもジャケットとのバランスを考えるとスニーカーじゃ様にならなくて。結果、ロングブーツにパンツをインして履くことになりましたが、そのブーツも重すぎると踊る時に困るし、サイズも大きすぎるとつんのめって危ない。だからちょっとキツめのブーツを、帝劇にある、靴の革を引っ張って伸ばす機械を使って、部分的に広げて自分の足にぴったり合わせてあります。靴に限ってはやっぱり機能性が最優先ですね。

ちなみに『SHOCK』でもコンサートでも、本番用の衣装は1着ずつしかありません。『SHOCK』なんかはものすごい汗をかくし、昼・夜公演で1日2回使ったりするから、スペアがあると思われるかもしれませんが、すべては洗って・乾かしての繰り返し。その代わりインナーは何着か用意がありますけどね。階段落ちのシーンで着ている甲冑に至っては、脱いだ瞬間に血のりを落として次の公演まで乾かしてあるそうです。僕の知らないところで。

動きが激しい分、生地も傷みやすくなるので、リフォームや作り替えはしょっちゅうしています。その際に、前と同じ生地が手に入らないといった理由で、マイナーチェンジを提示されることも。そういうときは、生地選びにも参加します。照明が当たったときの見え方をはじめ、着る本人でないと分からない細かいこともありますから。

ただ『ＳＨＯＣＫ』の場合、色だけはあまり変えません。前後のシーンの雰囲気、セット全体の色味、アンサンブルとのバランスなど、色彩関係が総合的に計算されているからです。そのなかで僕の衣装の色をひとつ変えたら、全員分変えないといけなくなりますからね。

フライング用の衣装にも工夫があります。マント風のデザインのものが多いんですが、共通しているのがウエストに帯を巻いていること。ハーネス（＝安全ベルト）が中に入っているとどうしてもズン胴になってしまうので、帯でウエストにアクセントを入れているんです。目の錯覚を利用した美しさへのこだわりですね。

（２０１４年５月号）

#06

上／綱元さんたちと〝手かけ〟の確認。右下／着脱するのはジャニーズJr.。左下／テクニカルリハーサルというフライングリハでは、まず吊らされてワイヤーのテンションを体で覚える。

ステージから飛び出す瞬間。この姿勢を保つには鍛えられた体幹が必要。普通の人はミノムシのように、くるくる回ってしまう。

『Endless SHOCK』には5種類のフライングがある

リボン

手かけ

ラダー

傘

1点吊り

素手で布をつかんだだけで飛ぶ「リボン」は、難度の高い技。「傘」は、一見どんな仕掛けになっているのか分からないイリュージョン的フライング。「1点吊り」は、いわば"基本演技"。シンプルゆえにごまかしがきかない。腕1本に全体重がかかる「手かけ」は、見た目以上に負荷が大きい。「ラダー」は、1点吊りの状態で空中の梯子から梯子へ飛び移る。勢いがありすぎるとはしごが壊れてしまう。

#08

多彩な〝応用編〟がある堂本のフライング

布を握るだけのリボンフライング

フライングリハーサル風景。「リボンフライング」は素手で布を腕に巻き付けて飛ぶ。命綱はなし。

ラダーフライングからの"2階客席降り"

#08

2階の「客席降り」は、振り子の原理で徐々に2階に近づき、客席前の出っ張り部分に着地する帝国劇場だけの演出。堂本のつま先から客席までの距離は約50センチという、気まずくなるくらいの近さだ。「傘」は古典的技術をアレンジ。リボンフライングで体勢が崩れたときは、空中で写真の「手かけ」に近い形に立て直して飛び続けるという。「これまでそうなったことは2回くらいありますね」(堂本)。

イリュージョンのような傘フライング

手かけ

#09

『Endless SHOCK』終盤の『夜の海』。照明を受けてキラキラと光る素材と、ローブの揺れが美しい。堂本以外も同じ赤を身につけており、これが社長のジャニー喜多川氏に当初、難色を示された。ここには「同じ色でも際立って見えるような主役になりたい」という堂本の思いが込められている。

上／『Endless SHOCK』で最も激しい振付のダンスナンバー『Higher』では、ロングブーツにパンツをイン。右下／甲冑は軽量化され、約5kg。公演のたびに血のりと汗にまみれるが、1着で乗りきっているところに、衣装部スタッフの仕事が光る。左下／ウエストの帯をアクセントにしているフライングの衣装。空中での布の動きも計算されている。

FLAME PHOTO Special 前編

フレームフォト スペシャル

連載誌面を囲うようにデザインされた写真の数々は、『日経エンタテインメント!』が追いかけてきた現場ショット。「その全体像が見たい!」とたくさんのご要望をいただくこの「フレームショット」をハイライトでお見せします。未公開カットもありますよ^^

SCENE.1 THEATER 劇場

SCENE.1
THEATER

初日の3～4日前からは舞台稽古のため、終日劇場にこもりっきりに。右の写真はオープニング直前、最初の立ち位置にスタンバイする堂本。この日はたまたま20人余りの関西ジャニーズJr.たちが勉強のため見学に来ていた。

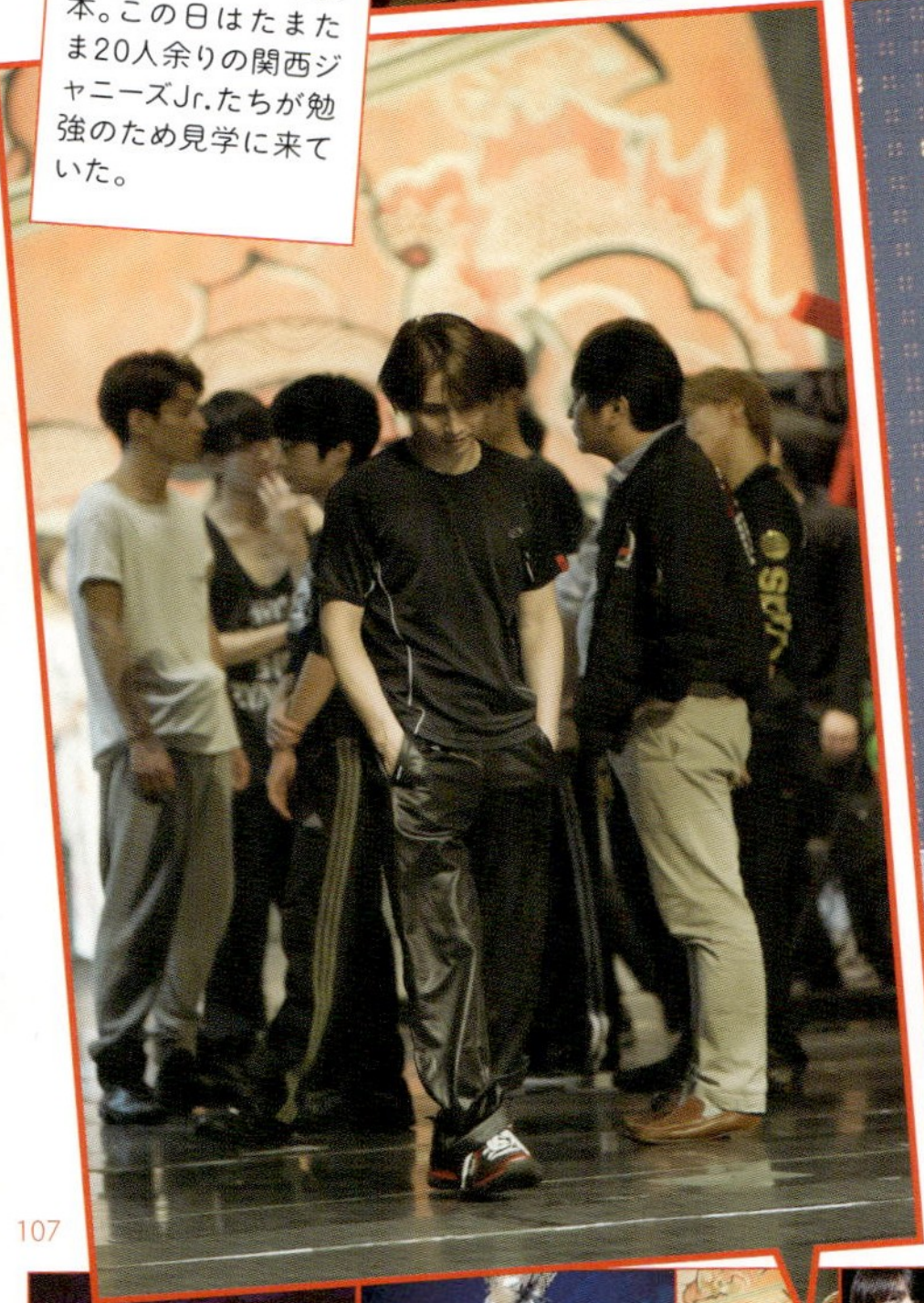

NE.1
ATER

『Endless SHOCK』の立ち回りシーンは本番ではおよそ15分。「劇中最もキツイと」堂本ももらす場面だけに、稽古もほかより時間をかけて行われている。刀が印象的に見えるよう、すべての型が計算されているため、演者にとってはしんどい体勢が多く、稽古でも毎回クッタクタだ。

SCENE.2 FIGHT

殺陣

NIRVANA

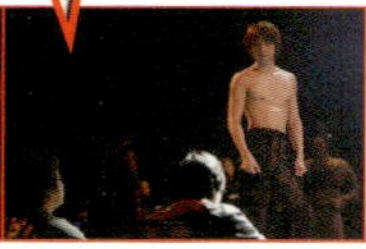

走る、跳ぶ、回転す
る、絶叫する…そん
な動作が続く立ち
回り。その最後に堂
本は4.8メートルの
階段を転げ落ちる。
「本番のアドレナリ
ンがないとやれるも
んじゃない」という
言葉がすべてを物
語っている。

SCENE.2
FIGHT

SCENE.2
FIGHT

殺陣師・諸鍛冶裕太氏は、映画でアングルごとに作っていくような殺陣を舞台上でやるところに醍醐味が。映画と違って1カットずつできない分、「演者に求められる部分は当然大きくなるけどね」（堂本）。

SCENE.3
FLYING 飛ぶ

SCENE.3
FLYING

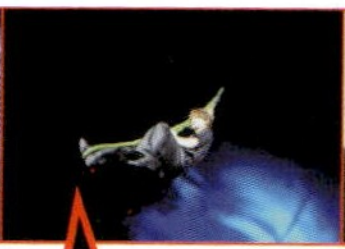

堂本が行う劇場でのフライングチェックは、初日前に1.5〜2時間。『Endless SHOCK』には5種類のフライングがあるが、それらを一気におさらいする。膨大な現場ショットの中には、日経エンタ!のカメラに気づいた瞬間の珍しいショットも。

SCENE.3
FLYING

ENE.3 FLYING

フライングはワイヤーを操作する“綱元”といわれる専門スタッフとの共同作業。美しく軌道を描いている背景には、日々微妙に異なる体重のかかり方を微調整している綱元たちの仕事がある。

#10 激しいダンスより立ち回りが何倍もキツいワケ

『Endless SHOCK』東京公演が終わってからの1週間は、ずぅっと家にいました。2カ月間、毎日公演をやってきたもんだから、ダラダラと過ごす自由を満喫したくて(笑)。

さて、今回は「殺陣」についてお話しします。『SHOCK』の中でも「ジャパネスク」と呼ばれる大立ち回りのシーンは、重要な見せ場のひとつです。「ジャパネスク」は尺にして大体15分弱ですが、同じ時間ぶっ続けで踊ることと比べても、立ち回りのほうが何倍も疲れます。このシーンをやっている時は、息を吸うのも嫌になるんです。吸う際に筋肉を動かすことすらしんどく感じるから。あれぞまさに〝全身に乳酸が溜まる〟感覚ですね。メディアでは、この場面のラストにある「階段落ち」を話題にされることが多いですが、正直、それよりよっぽどキツいです。

キツさの一番の要因は何か。無呼吸の運動になるからです。ダンスが有酸素運動なのに対し、殺陣は相手との呼吸を緻密に合わせなきゃいけない。そうなると自分のペースで呼吸できないため、どうしても無呼吸状態になる。ある種ウェイトトレーニングや加圧トレーニングとも似ているかもしれません。「もう上がらない、もう無理」ってところからあと3回やって筋肉に負荷をかける、みたいな。尺的に毎年、短縮傾向にあるのも、キツさに拍車をかけています。時間は縮まっていても手数は変えてないので、動きの間隔がおのずと詰まってくる。以前なら一息つけたところでもつけません(笑)。

加えて、和ものの特徴として、ずっと腰を落としてないといけないんですね。腰が浮いた状態でなら速い剣さばきもいくらだってできますし、そうしたほうが派手に見えるかもしれませんが、僕はあまり好きじゃないんです。

うちのアクションコーディネートは諸鍛冶《もろかじ》(裕太)さんという殺陣師の方がやってくれてますが、〝主役が一番動く殺陣〟というのが彼の主義。それは僕自身、賛同している考え方でもあるんですが、よくある〝主役が真ん中にいて、取り囲んだ敵をバサーッとさばいていく〟っていうのをやらせてくれない(笑)。主役が誰よりも走り、斬り込んでいく。…ということを15分もやれば、そりゃ死にそうになりますよ。

立ち回りで絶句させたくて

2004年の『SHOCK』までは何の脈絡もないショーの一部として殺陣をやってましたが、2005年に『Endless~』になってからは、そこに

2人（＝コウイチとライバル役）の感情が乗っかって、この作品における殺陣はただの立ち回りではなくなりました。

『Ｅｎｄｌｅｓｓ ＳＨＯＣＫ』を立ち上げた時に作りたいと思ったのが、〝1幕終わりで観客が絶句するような瞬間〟でした。今や、見慣れて冷静に眺めているお客さんも多いかもしれませんけど、演技とはいえ舞台上で実際にぶつかり合っている側はものすごいアドレナリンが出ているんですよ。コウイチという人物も周りが見えなくなっている場面だから、〝真剣〟を相手に渡してそのままショーを続けようとします。こんなストーリーを冷静に聞けば「んなアホな」ですけど、「いやいや、実はありえるんじゃないか⁉」と思えるぐらい、演じる側は感情が高ぶり、爆発しているんです。

だから2004年までの殺陣とは、意味合いがかなり変わっています。肉体的に同じくらいの負担だとしても、精神的な消耗度が全然違う。だけど演じてる側が、そういった心のエネルギーも本気ですべて出し切っていかないと、ただのチャンバラになってしまうんですよ。それじゃつまらない。

そもそも僕は、昔は殺陣というものにあまり興味がありませんでした。それを変えたのが、諸鍛冶さんとの出会いでした。諸鍛冶さんの立ち回りは、受け方も型もすべて抜群に面白くて。

で、翌年、『Ｅｎｄｌｅｓｓ～』の脚本を作るに当たって物語の流れを考えた時、立ち回りの最中に事故が起こる設定にすると衝撃的なんじゃないかということになりました。そこで諸鍛冶さんに、とてつもない殺陣を付けてもらったら、今まで見たことないようなものができるんじゃないか、と。

殺陣の主役は〝刀〟である

〝主役が一番動く殺陣〟と言いましたが、立ち回りにおける本当の主役は〝刀〟

です。だからいい殺陣とは、いかに刀をきれいに見せるかだと僕は思う。「ジャパネスク」でやっているのは、基礎を大事にした正統派の殺陣。腰を必ず落とすのもそのためです。

そもそも日本刀って独特な形をしていますよね。あの反りはなぜあるのかというと、斬った後に引きやすいから。引いたときに深く斬り込んで、殺傷能力を上げられる。つまり、武器として非常に理にかなった形をしているんです。そういう発想から生まれてきたものなので、その本来の動きをしてあげないと、きれいな殺陣にはなりません。

僕は劇中で刀を（他者と）合わせる回数が非常に多いので、簡単に折れないよう、他の人の刀よりも若干太く、重く作られています。とはいえ、もちろん竹光ですから本物の刀よりは全然軽いんですけどね。でも、自分としては重たく見せたい。これもひとつのポイントで、上手な人が持つと、ずっしり重たそうに、かつ危ない物に見えるんですよ。

殺陣は静と動の繰り返しですが、斬った後ピタリと静止しようとする時、手元での1ミリの揺れは、刃先では何センチにもなります。それだと決まらないから、下半身の踏ん張る力と腕力、握力、すべて使って、全身で止めないといけない。〝刀を主役にする〟ことは、刀を自分の体の一部にするということですね。長い物の切っ先まで神経を行き届かせるのは、なかなか大変です。

だからメンテナンスを終えて戻ってきた刀が、真っ直ぐ持ってみた時に少～しでも左か右に反れてたりすると気持ち悪くて、なんか嫌(笑)。持った感じのバランスもそうですが、わずかに反れているだけでもブレて、きれいな軌道を描けなくなるんですね。

動きが激しいので、思わぬハプニングもあります。よくあるのがコンタクトレンズを落とすこと。今回(2～3月の公演)は2回落としました。そういうときはとりあえず片目でしのいで、1幕と2幕の間に予備のコンタクトを入れるんですが、今回たまたま予備を持ち合わせてなかった日が！　で、大至急マネジャーに病院まで取りに行ってもらって、2幕の途中ですかさず入れた(笑)。後半のクライマックスにあるラダーフライングの時に片目頼りではさすがにヤバいから、ギリギリ間に合ってホント良かったです。

(2014年6月号)

#11 殺陣は〝日本人の遺伝子〟が大きくものをいう

『Endless SHOCK』の中でも「ジャパネスク」（劇中劇）は、屈指の見どころとされる殺陣を含んでいます。

このシーンは、コウイチ（=堂本ふんする主人公）とライバル役が、深い確執を抱えた状態で1幕が終わります。そんな2人のギリギリの感情を、ショーとしてどう表現できるか？　と考えたとき、殺陣以上のものは見つかりませんでした。

例えば洋ものの決闘スタイルで見せるなら、ボクシングやフェンシングがあります。でも、劇中の一触即発の緊張感でいきなりフェンシングを始めたら、絶対おかしなことになる（笑）。出演者も日本人だし、演じてる役柄の設定も日本人なので、そこはやっぱり殺陣が最適なんですよ。

長い公演期間中、殺気や緊張感をキープする秘訣？　それは何に気をつけるということではなく、その気になって体を動かしていれば勝手に出てきます。だから毎公演同じ動きをしていても、慣れて気が緩むことはありませんね。

演技に熱がこもる一方、実際には刀を人に当てないようセーブしないといけません。そこは、基礎トレーニングが物をいうところ。いくら気持ちが高ぶっていても、頭の片隅では冷静を保ちつつ、相手の呼吸を感じ取りながら合わせていく。高い集中力が求められます。

それでも手数が膨大な量なので、すべてを完璧にこなすというのは正直、不可能です。でもそこからが自分の中でのチャレンジ。「もっとここをピタッと止めよう」とか「ここはもっと大きく動きたい」とか。殺陣に関しては本当に無限大のやりようがあるから、毎日毎公演、自分の限界を追求していくぶんには終わりがありません。

和洋折衷に惹かれる

日本の伝統芸能もいろいろありますが、僕は自分でやるなら、完全に純和風のものより和洋折衷が好きです。劇中には和のテイストの『夢幻』という曲があるんですが、この振付師はアメリカ人のトラヴィス・ペイン。あえて和洋を組み合わせるのが面白いんじゃないかという発想から生まれました。

伝統的なものを取り入れるときは、そこに現代的なエッセンスが入っているかどうかも意識していることです。僕らがやってる正統派の殺陣は、ともすれば地味に見えちゃうんですが、そこを克服するために、動きをダイナミックにするように心がけています。殺陣にも〝見ててワクワクするもの〟と〝退屈なもの〟がありますからね。根底にある〝殺陣とは何ぞや〟という部分は大事にしつつも、そこに〝現代の我々ができること〟を乗せた結果できたのが『EndlessSHOCK』の「ジャパネスク」。このシーンは、そこまでの場面が洋のイメージだったところへ急に和の世界が現れることで、観客に対する視覚的効果を切り替える役割を担っている部分もあります。

場面としては約15分ですけど、描かれているのは劇中劇の一部分。ちなみに僕は「本当は1時間ぐらいある芝居なんじゃないか」というつもりでやっています。描かれてない部分のストーリーは見る人それぞれの想像で補ってくれたらと思いながら。争ってる武将と野盗の頭みたいな2人は、実は兄弟なのかもしれない…とかね。

ちなみにストーリーの中でそのへんの説明は一切していません。立ち回りの途中で「必ず生きて帰れーっ!」と絶叫するセリフがあるんですが、いろんな受け取り方をしてくれればいい。

この場面は、「僕らの素の高揚感」＋「登場人物としての感情」＋「劇中劇で爆発している感情」という3重の気持ちが乗っているので、体力的にはもちろん、精神的な消耗もかなり激しいんです。だからストーリーの説明ゼリフを入れたくない。そこにセリフをひとつ加えると、その感情も乗せていかなければならないでしょ？

魂を込めて殺し合いをするという感覚

〝和〟の要素はジャニーズの舞台で脈々と受け継がれているお家芸みたいなところがありますが、僕はそれを大事にしていきたいという思いも、受け継いでいかなきゃという思いも、正直言って特にないです、スイマセン（笑）。

ただ、日本人の顔立ちや体型を生かすという意味で強いコンテンツではあると思います。例えば現代ダンスで勝負したとき、身体能力や体型から考えて、日本人が欧米人に敵うわけがない。でも「ジャパネスク」のような立ち回りをやれって言ったら、彼らにはできないんですよ。まず構え方。正統派の殺陣独特の腰を落とすのが欧米人は苦手。次に考え方。際どい言い方になりますが――〝魂を込めて殺し合いをする〟という感覚が理解できないでしょうね。

もちろん僕らも侍の時代に生きてたわけじゃないから、当時の人と同じ理解かは分からないけど、何か不思議と…そういう心は宿ってますよね。〝死〟にまで美を求める感性とか、それに近い考えが、何かしら遺伝子に組み込まれてるんじゃないかなという気がします。

だからもしも『SHOCK』の海外公演をやったら、「クレイジーだ」って言われるでしょうね（笑）。実際、U.S.A.の連中（=『SHOCK』に出演しているる黒人ダンサー4人）も、立ち回りに関しては「考えられない！」って言ってますから。「アメリカだったら銃で一発だ」って（笑）。日本人独特の感覚かもしれないですね、人斬りの型を芸術にまで昇華させようと考えるなんて。

意味がなさそうなところに美を追求する日本人

まあ〝和〟の世界って——決して悪い意味で捉えてほしくはないんですけど、僕から見てもやっぱりクレイジーだと思います。着物や袢ひとつ取っても、なんであんな機能的でない大変なもの着てるんだろうって。だけどそこには確かな美学があるじゃないですか。日本人って意味のなさそうなところに美を追求していくというか、美のためなら理屈を捨てられるんだと思う。僕がいつも言ってる〝能率・効率〟〝合理主義〟っていうのとは対極にあるんですけどね。そんな僕が和もののショーをやってるというのがまたおかしな話ですが（笑）、対極だからこそ、惹かれるのかもしれません。

そして強く感じるのは、和ものって〝魂〟を込めないとショーとして成立しないということ。ちゃんとやったことある人なら分かると思うんですが、和太鼓も、本当に魂を込めないと音は鳴ってくれません。非常に奥が深い世界なんです。

（2014年7月号）

#12 人前に立つのが苦手な僕の〝座長心得〟

作品を良いものにするために、僕が座長あるいはカンパニーのリーダーとして最も大切にしていること。それは出演者とスタッフそれぞれが、〝責任〟と〝自信〟を持って仕事できる場所を作るということです。僕らの場合、〝表に出る人間〟と〝裏で動いてる人間〟がいて、そこには大きな違いがあると思われがちです。でも、表で表現するものがいい形になって現れれば、裏で支える人にとっても報われる瞬間だろうから、目的は一緒。それを理解した上で動くのは非常に大事だと思います。

と言うのは簡単だけど、実際にはなかなか難しい。世の中、ときには同じ目的観じゃない人たちと共同作業をしていかなきゃいけないことだってありますからね。

そういう場合は、やっぱり…シビアな話ですけど、関わっているものが「いいものかどうか」が大きな分かれ道になると思います。僕の場合なら「いい作品か否か」。なぜなら作品自体がしっかりしてないと、自分に課せられた役目が何なのか見いだしにくくなるからです。逆に作品性がしっかりしてさえいれば、キャストやスタッフの目的観が食い違っていたとしても、各々のモチベーションは維持できる。そうすれば乗り切れることも多いんじゃないかな。

ただ、僕はシャイでそもそも人前に立つことが著しく苦手。自分自身に対して自信がないんです。素をさらけ出したところで、それが〝芸能〟として受け入れてもらえるほどの人間とはとても思えない。だから曲にしても詞を書くのはあまり好きじゃない。バラエティ番組ではちゃんとやってるように見えるかもしれませんが、あれ、相当頑張ってますから（笑）。……だから「座長としての心得」を改めて聞かれると、答えに困ってしまうというのが正直なところです。

でも『Ｅｎｄｌｅｓｓ ＳＨＯＣＫ』に携わる人はスタッフ、キャスト合わせて約１５０人もいます。頭で考えてるわけではないのですが、こんな僕がどうやって大人数のチームを引っ張れているのかをちょっとお話しします。

人間関係の状態を把握する

まめにやっているのは、親しい人に「今、（カンパニーの）雰囲気どう？」って聞くことです。問題に対して僕が直接アクションを起こすわけではないけど、状況は把握しておきたいので、頻繁に探りを入れる（笑）。人が大勢いると仕方ないことですが、もちろん良からぬ話が耳に入ってくることもあります。誰と誰がギスギスしているとかね。それが女性だったりすると…「やっぱり難しいなぁ」と思うわけです(笑)。

でも幸いなことに、『SHOCK』はプロ意識の高い人たちが集まってくれているので、仮に裏側で個人間のゴタゴタがあったとしても、それをステージの上まで引きずりはしません。表現の世界に生きてる人たちだから、一般の方に比べて〝嘘〟が上手なのかもしれませんね(笑)。

女性に関して言うと、〝ひいきは厳禁〟ですね。これは僕が様々な経験の中で学んできた、座長心得のひとつ。こちらは全くそんなつもりがなくても、女性は「なんであの子ばっかりなの?」と見てしまうから。そのときの流れでそうなったり、たまたまなのかもしれないのにね。まぁ、だからといって、そんなことをいちいち説明するのも面倒だし、でもカンパニーとして快適に過ごしてほしいし、だから僕なりに気を遣ってます(笑)。

今はどの分野でもたくさんの女性が活躍していますが、僕にとって、女性を含む集団をまとめ上げるのはひときわ難題です。そのなかで人間関係の問題に気づいたらどうするか。僕は放置(笑)。なぜなら、僕が間に入ると余計に大変なことになっちゃうから。

ただ、ショーの世界だからいえることかもしれませんが、一見マイナスな緊張感がいい結果を生むこともあります。「アイツに隙を見せないように完璧やってみせる」と。だから一概に、仲良しこよしがいいとは限らないんですよね、この世界は。

信頼されることが責任感に

僕は現場では怒鳴ったり怒ったりはしないほうだと思います。場当たり(=舞台での立ち位置確認)とかをスタッフと一緒にやってる時は細かいダメ出しもしますけど、場が凍りつくほどピリピリする瞬間というのはありません。

個人的には、〝怒鳴る人〟は現場に必要ないと思っている派。だって例えばあるスタッフが指示通りにやれなかったとして、怒鳴って直るものなら怒鳴りますけど、個人の技量なんだから仕方ないところがありますよね。怒鳴られたことで、逆に焦っちゃって余計にミスが増えることにもなりかねないし。

その代わり、僕は一人ひとりをよく観察してるつもりです。その場ではとやかく言わないんですが、むしろこっちのほうが怖いかもしれませんね。さりげなく見られているわけですから(笑)。

でもそれ以前に大前提としてあるのは、一緒に働く人を信頼するということ。人から信頼されると、〝信頼された〟という責任感が生まれる。それがその人の持ち場に反映されていきます。

だからみんなが口々にあーだこーだ言って物事が進まないときは、思いきって1人に託してみたほうがいいと思います。これも〝信頼する〟に通じることで、止まっていたことが動き出すのと同時に、任された人は大きなやり甲斐と責任感を手にすることができる。

僕も昔は、人に託すのが怖い時期がありました。何もかも自分で見なきゃ気が済まなかった時代が。でもそれって所詮不可能だと分かった。それに自分だけの視野でものづくりをしていても、限界があって、ある程度のものしか生まれてこないんです。少々不安があっても人に託せるかどうか。座長としての自信って、そういうところに表れる気がします。

一般的に、チームをまとめる人の鉄則としてよくいわれることに〝相手を褒める〟というのがありますが、僕には〝褒める〟という概念はあまりないかもしれません。というのも僕自身がジャニーさん（＝事務所社長）に怒られどおしで育ってきてますから。周りから聞こえてくる話だと、ジャニーさんも相手によっては褒めるらしいんですけどね。少なくとも僕は昔から褒められた記憶がない（笑）。

でも最近は僕の体をよく心配してくれるようになりました。舞台のハードさに対して「Ｙｏｕ、大丈夫なの？　死んじゃうよ!?」って。それが褒め言葉なのかな？（笑）

（２０１４年８月号）

『Endless SHOCK』1幕のクライマックスシーン「ジャパネスク」。刀を振りかざし、跳び回り、怒号を上げる演技が約15分続く。動きや声の大きさではなく、ただただ演者の気迫に圧倒される名シーン。

殺陣師の諸鍛冶裕太氏（右）と堂本。主役を休ませない氏の殺陣は、演者にとってはキツいが、見る者は場面に引き込まれる。再演のたびに修正が繰り返されている。

「階段落ち」シーンの後、血のりを拭いて甲冑を脱ぐ堂本。衣装部、演出部、音響部、マネジャーと4人がかりで全身の衣装を剥いでゆく。プロテクターは、「ひじ、背中、ひざ」と最小限しか付いていないが、衣装全体としては5キロ以上。これで4.8メートル22段の階段を毎公演、転げ落ちている。

「ジャパネスク」舞台稽古風景。体が動きを覚えているシーンでも、殺陣師の諸鍛冶氏から細かい修正指示が出る。

『夢幻』の一場面。和風の美術とトラヴィス・ペイン氏によるダイナミックな振り付けの掛け合わせが視線をくぎ付けにさせる。

scene「ジャパネスク」 ポイント解説

①看板俳優のコウイチ（堂本）は、ライバル・ヤラ（屋良朝幸）の自分勝手な行為を叱責。

②2人の溝が深まったまま次の幕が開く。セット転換、ここから劇中劇「ジャパネスク」。

③現実と劇中の設定が重なり、コウイチとヤラは舞台の上で激しくぶつかり合う。

④ヤラは、コウイチ軍の姫を人質に捕らえる。それを助けに行くコウイチ。

⑤ヤラは手がすべったふりをし、刀を落とす。ショー続行のため差し出された刀は〝真剣〟！

⑥ヤラに手渡された真剣が、コウイチに刺さる。この後、コウイチは階段を転落。

右ページ／フライングの操作をする綱元とやりとりする堂本。『Endless SHOCK』のフライングは種類が多い上、わずかなさじ加減の違いで大事故につながる大技も多いため、些細なことでも常に情報を共有しておく。15年以上やっていても慣れることはない。

左ページ／主演としてセンターで踊りながら、カンパニー全体の動きも見る。立ち位置のラインが曲がっていないか、腕の角度がそろっているか、動き方に無理がないかなど、細かな指示も出す。

#12

気になる箇所は、自分が踊るシーンの最中でもステージから駆け下り、客席からチェック、またステージに戻って踊る、を繰り返す。プレイングマネジャーとしての役目も果たしている。

LONG INTERVIEW...2

#13

ロングインタビュー②

僕の目から見たミュージカル・ブーム 舞台への誘い

エンタテインメント界は今、映画『アナと雪の女王』の爆発的ヒットもあって世界的なミュージカルブームを迎えている。日本でも近年は多種多様な音楽劇が上演されるようになり、今ではポピュラーなジャンルとして定着。業界全体がライブ／舞台ビジネスに力点をシフトさせているなか、アイドルやダンス人気との相性のよさもあり、このジャンルの今後はさらなる裾野の拡大が予想される。

堂本は15年間ミュージカルの舞台に立ち、日本演劇界の様々な記録を塗り替えている。プレイングマネジャーとして第一線を走る彼の連載1周年にあたり、今回は拡大版として、堂本の考えるミュージカルの魅力から、自身が9月に控える長期地方遠征の裏話まで、存分に語ってもらった。

まずは、『アナと雪の女王』の話から。あらかじめ編集部からの〝宿題〟として渡したDVDをどんなふうに見たのだろう。

『アナ雪』大ヒットの背景にあった〝歌詞問題〟のクリア

『アナと雪の女王』は話題作ですし、もともと見たいなと思っていたのでDVDを貸していただけてちょうどありがたかったです(笑)。先日ニューヨークへ行った際に飛行機の中でやっていたんですけど、機内の小さい画面で見るよりちゃんと家のテレビ画面と音響で見たほうがいいと思ってがまんしていたので。

僕がこんなこと言っていいのか分からないですけど、率直に感想を言うと、世界的に大ヒットしている一番の要因は、楽曲の良さに尽きると思いました。曲調もアレンジも詞も現代的で古くさくなく、ミュージカルになじみのない人にも親しみやすいよう、すごく工夫されているように感じました。

海外のミュージカル作品を日本語に訳すときには、どうしても日本語の問題にぶつかってしまいます。ミュージカルに苦手意識を持ってる日本人の大半は、これによるものではないかと僕は思っているんです。

この連載でも以前話しましたが、英語だと1音に1ワードずつ乗せられるところが、日本語って単音は単音でしかない。そうするとどうしても、日常会話の音階とは違う音階に無理やり言葉を当てなきゃいけなくなる。その違和感が、どうしても引っ掛かるというのはすごく理解できます。僕自身、日本語のミュージカルを見に行くと気持ち悪い詞の乗せ方にぶつかることがままありますから。

でもそうした言葉の問題を、『アナと雪の女王』はクリアしているんですよね。僕は最初に日本語版で見て、そのあとオリジナルの英語版も聴き比べてみたんですけど、正直、「むしろ日本語版のほうがよくできてるんじゃないか？」と思ってしまったくらい。それってすごいことじゃないですか。監督や翻訳担当の方をはじめ、日本語版スタッフがものすごく頑張ったに違いありません。

加えて感じたのは、日本語版の声を担当した神田沙也加さん、松たか子さんの素晴らしさ。主題歌（『Ｌｅｔ Ｉｔ Ｇｏ～ありのままで～』）のヒットはなんといっても、松さんの表現力あってのことではないかと思います。

ちなみに主人公アナの声を演じた神田沙也加は２０１２年に堂本の主演舞台『Ｅｎｄｌｅｓｓ ＳＨＯＣＫ』（以下『ＳＨＯＣＫ』）のヒロイン役で出演している。『ＳＨＯＣＫ』出身者が活躍の場を広げていることに、座長として誇らしい気持ちもあるのでは？ と聞いてみると――。

アナもエルサも嫌がられない人物

いやいや、そんなおこがましいことは全く思いませんよ！（笑）「頑張ってるなぁ」っていういい刺激はもらいますけど。

そういえばこの前、『新堂本兄弟』（フジ系）に彼女がゲストで来てくれて、『アナ雪』の中の1曲『とびら開けて』をデュエットしました。ささやかな裏話をすると、番組の収録時点で僕はまだ『とびら開けて』のシーンだけしか見れてなかったんですけど、（曲中）僕が演じた〝アナと相思相愛のハンス王子〟には、何かウラがあるんじゃないかって思ってたんですよ。そんな匂いをなんとな～く感じてて。後日、全編見て「やっぱり！」って思いました（笑）。

優れた楽曲が『アナ雪』ヒットの最大の理由と読むが、ストーリーに関してはどうだろうか。

もちろんいいお話だとは思いますけど、正直ストーリーだけ見ると、そこまでの大ヒットを生むほどのものとは…。〝女性が自立する、自分の力で運命を切り開く〟というストーリーですから、男目線としたら置いてけぼり感を多少感じますしね。だから女性だけでなく男性からも支持されてるというのは、ちょっと意外な感じがします。

ひとつ、うまくできてるなと思ったのは――ディズニーって子どもに受け入れられることが大前提だとしたら、例えば姉妹でも友達同士でも〝小さい女の子ふたり〟が『アナ雪』ごっこをやったときに、このストーリーだったらどっちの役でも子どもは嫌がらないんじゃないですか？　どちらかが悪役というのではなく、アナもエルサも魅力的だから子どもがケンカしない。そういう面でもよく練られているんでしょうね。

単純な物語ほど大ヒットする

『アナ雪』に限らずミュージカル作品って、ストーリーだけ紐解くと「別に何てことないな」というものが意外と多いんですよ。むしろ「おいおい、どないやねん！」っていう展開のも、しばしばある(笑)。でもそういうのが案外ヒットしていたりします。

分かりやすいところだと、『ウエスト・サイド・ストーリー』もツッコミどころが満載です。よく見ると、感情のつながりが無視されてる部分が結構あるんですよね。「昨日まで怒ってたのに、なんで今日仲いいねん？」みたいな(笑)。

思うに、ミュージカルにおいては、ストーリーを難しくしすぎると逆に伝わらなくなるという側面があるのかもしれません。というのは、役者の芝居にプラスして〝音楽自体が芝居をする〟から。メロディーが人の感情を勝手に表現していくので、観客がそれぞれ、歌詞にプラスアルファでその感情を受け止めて解釈する。それがミュージカルの楽しさでもあるんですけどね。見た人の感受性によって何通りもの感想が生まれる。その時に、ストーリーは単純であればあるほど解釈の幅が広がるんじゃないかと。

だから名作と呼ばれるミュージカル作品には、意外とややこしくないお話が多いし、そのシンプルなストーリーを補って余りある良い曲が必ず含まれています。どんなに良い内容でも、曲が良くなかったら見てるほうは疲れちゃいますもんね。

例えば歌詞の語尾に「～でしょう?」とクエスチョンマークが付いているのに音程が下がってしまっている場合、「?」を表現できていないことが気になって仕方ない、と以前話していた堂本。それくらい詞には敏感なだけに、日本語ミュージカルの弊害を大いに嘆く。

しかし彼の場合は、ミュージカルを愛する事務所社長・ジャニー喜多川氏の影響もあって、早い段階からブロードウェイを中心とした海外作品に直接触れてきた。そのため、日本語詞の違和感の前に立ち止まらずに済んだのだとか。

そこはラッキーだったかもしれませんね。あと、それらと並行して僕がずっと見てきた日本のミュージカルは少年隊の『PLAYZONE』（86〜08年）でしたから。これに関しては事務所に入る前から毎年見に行っていたんですけど、今思うと『PLAYZONE』も実は、日本人がミュージカル独特の違和感を極力感じないようなつくりになっているんです。多分ですけど、それは意識的に。

具体的に言うなら、会話やセリフを歌に乗っけるというよりは〝独白〟

の部分を歌にしている、ということ。セリフを歌に乗せることに抵抗のある人でも、この形であれば気恥ずかしさをあまり感じません。僕の『SHOCK』もそのスタイルに準じていますし、最近だとブロードウェイでもそういう構造の作品が増えてきています。

「これまでに見たミュージカル作品ベスト3を挙げるなら?」との質問には「そういう、順位つけるのは好きじゃない!(笑)」と、つれない答え。しかし常にアンテナを張って、舞台に関してはかなりの本数をチェックしているそうだ。5月にニューヨークで鑑賞したという作品について聞いてみた。

見てよかった2作品

2本しか見られなかったんですけどね。『Once ダブリンの街角で』(※

1）と『キンキー・ブーツ』（※2）。

『Once』は、ショーとしてはめちゃくちゃ地味で驚きました。ちょっと〝特殊〟と言っていいくらい地味。衣装も普段着だし、よくこれがトニー賞を獲れたなって思うほど（笑）。だけどこの作品のいいところはオケがいなくて、出演者が全員楽器を持って演奏しながらストーリーを展開させていくという目新しさですね。そして何がいいって、やっぱり曲がいい。あと、暗いストーリーなんだけど、5分に1度くらいは客を笑わせてるんです。そのあたりにも、最近のお客さんの傾向を的確にとらえた現代的な視点を感じました。

『キンキー・ブーツ』はもともと見る予定はなかったんですが、（事務所副社長の）メリーさんから「スケジュールをやりくりしてでも見て」と薦められた作品です。で、これも見て良かった！　素晴らしかったです。音楽がシンディ・ローパーで、あれこそ現代音楽をミュージカルに組み込んだ成功例ですね。いわゆるオカマちゃんの話なんですが、ふざけた感じじゃなくて、むしろカッコイイ。もし日本人の役者が演じるとなった場合にも、あのカッコよさは絶対維持してやってほしいなぁ。

言葉のアドバンテージ以外にも、アメリカがエンタテインメントの本場と言われる理由はいろいろ考えられる。例えば、肌の色。

ブロードウェイのステージを見ていると、単一民族の日本と違って、肌の色が多様で豊か。表現の世界でこの差は大きいと思います。

例えば、衣装でダサいTシャツがあるとしましょう。それを着るのが全員日本人だと、ただ「ダサい」に見えるんですけど、着る人の肌の色がいろいろあるだけで、違和感なく融合され、成立してしまうことがあります。キャラクターの個性もつけやすいし、おのずと表現に広がりが生まれていく。そういった点で日本人だけでの作品は工夫を凝らさないといけません。

でもとにかく、映画『レ・ミゼラブル』や『アナ雪』のヒットをきっかけに、日本でもミュージカル文化がもっと定着していってくれるならそれは非常にうれしいことです。このジャンルは一度ハマると楽しいんですよ。それが多くの人に伝わればいいいんですけど。

帝劇でやっている同じものを

続いて、堂本主演のミュージカル『Endless SHOCK』に話を移そう。2014年は、2~3月に行った東京・帝国劇場での公演に続き、この9月に大阪・梅田芸術劇場、10月には福岡・博多座で、それぞれ1カ月ずつの公演が決まっており、各地のファンは指折り数えてその日を待っている。

梅田に向けた稽古は8月中旬ごろからの予定です。2012年から博多座、2013年からは梅芸でも上演させてもらうようになったんですが、困るのは、取材などで聞かれる「帝劇（＝帝国劇場）公演との違いは？」って質問。僕としては、帝劇でやったのをそっくりそのまま持って行くことが、お客さんに対する礼儀だと思っているので、答えようがなくて（笑）。

些細なことを言い出せば、劇場によって建物が醸し出す空気は微妙に違いますし、お客さんの雰囲気も少しは違うかもしれません。会場の機構の関係でどうしても変更せざるを得ない細かい部分も出てきます。だけどそれらは本筋とは関係なくて、「帝劇と同じ形、同じクオリティーのものにしよう」というのが常に僕らの目標なんです。

これがライブツアーだったら話は別ですけどね。その土地土地によってお客さんの反応が違うのも見えるし、僕らもアドリブでご当地ネタを入れて楽しんだりします。だけど『ＳＨＯＣＫ』は演劇作品ですから。

何種類ものフライングをはじめ、イリュージョンや大型のセット転換が目白押しの『SHOCK』。博多座も梅田芸術劇場も、この演目を迎え入れるために大がかりな補強工事や改修作業を施した。すべては「帝劇と同じクオリティーを実現するために」。

だが、どんな劇場でも改修の手を加えれば上演できるというわけではない。客足が絶えないドル箱作品だけに、福岡、大阪以外からも誘致の声はあるようだが、「最低限の条件をクリアしている劇場は、実のところ、もう他に見当たらないんです」と堂本。

日本では博多座と梅芸以外もう無理でしょうね。これは帝劇の機構が他より優れているという意味ではありません。最新の設備や機構を備えた素晴らしい劇場はいっぱいあるんですけど、そもそも『SHOCK』はすべてを帝劇仕様で作ってきたものだから、基本的な構造が帝劇と似たハコでないと難しいんです。そんな帝劇も『SHOCK』のためにこの十何年、何度も改造を重ねてきてますから。

何年か前に初めて地方公演の話が出た時、「それが実現できそうな劇場はどこか」って話し合って、最初に挙がったのが博多座でした。それで2012年に博多座での公演が実現して、そのノウハウがあったから梅芸でもできた。博多座は（帝劇を代表する人気演目である）『ミス・サイゴン』を博多でやりたいということで建てられたと聞いたことがあります。だから舞台の懐の深さとか、帝劇を意識して造られているんです。

各地でのホテル生活はそれぞれ1カ月、計2カ月に及ぶ。公演期間中はどのような時間の過ごし方をしているのだろう。ステージを終えて疲れた心身を、自宅で休ませることができないというのはストレスにならないだろうか。

東京より快適な地方滞在

いや、逆ですよ！　むしろ東京にいるよりラク(笑)。だって東京だと自宅から帝劇への移動にある程度時間がかかりますけど、地方だとホテルから劇場まで近い距離なのでその分、睡眠時間も普段より多くとれるし、食事に出かけるのがどうしても面倒なときはルームサービスを頼めるし。

他にも「今日はちょっと体の調子が良くないな」と思ったら、終演後にトレーナーさんを部屋に呼んでマッサージをお願いできる。僕、自宅に人を上げるのが嫌なので、東京だとそれができないんですよ(笑)。だからむしろホテル暮らしのほうが絶好調ですね。こだわってることがあるとすれば…ベッドがダブルサイズだとうれしい、くらいかな。自宅のベッドが大きいので、場所が変わっても家のサイズに近いとありがたくて。

ホテルが快適なのは、ジャニーズJr.だった10代の頃からホテル滞在が多かったから。最長で1年間ほど都内のホテル住まいだったこともありますし、そのへんの順応性は高いんです。もちろんホームシックなんてものもございません(笑)。あぁ、ただひとつだけ、愛犬のパンに会えないのは寂しいですね。でも留守中に面倒を見てくれている母親が、しょっちゅう画像をメールしてくれます。「今日はこんなウンチが出ました」なんてメールを見ては、ひとり和んでいます(笑)。

連続1カ月の長期遠征ともなると身の回りの荷物はいかほどかと思うが、この主演俳優は実に身軽だ。トランクは機内持ち込みOKのサイズひとつ。中にはパソコンと、最低限の着替えが。

最初の博多座公演のときは、下着をはじめ、着替えも多めに持参しました。だけど実際やってみて「あれ？　パンツは2枚でいけるじゃん」ということに気づいて(笑)。

というのも、劇中では毎公演、大量のタオルを使うため、それを洗濯するんですね。朝、劇場に入ると僕は風呂に入るんですが、本番中はパンツの代わりにスパッツを履くから、下着類はバスタオルと一緒に楽屋の洗濯かごに入れておくんですよ。そうすると本番中に洗われてて、帰りは洗いたてを履いて帰れる。この繰り返しですから、下着は基本1枚で永遠に回せる(笑)。もう1枚？　さすがに1枚では心許ないので、〝予備〟です。

あとは劇場を行き来するためのジャージと、外に食事に誘われたときのために、お店に行ける程度の私服を2着。コンタクトの保存液といった消耗品は最低限で、あとは現地調達です。

でも男はそんなもんじゃないですか⁉　だって(V6の)森田剛も、ハワイに1週間行ったときに紙袋ひとつしか持っていかなかったって言ってましたよ。さすがに怪しまれて空港で止められたらしいですけど(笑)。

カンパニーのメンバーと地方のおいしいものを食べに出歩く機会も、周りが思っているよりは少ないのだとか。

そういう時間もあるといえばありますけど、東京にいるときとあまり変わりません。2回公演も多くてみんな疲れてるから、ほんとに近場でパッと食べてすぐ帰る、という感じになってしまいます。

「気分転換は？」と言われるかもしれませんが、僕は性格上、オフの時間にストレスを発散しなくても、ステージ上で発散できるタイプだから、リフレッシュのためにあれこれやっちゃうと、かえって普段のリズムが狂って負担になってしまう。だから切り替えのために特に求めることはありません。

しかし、私たちが職場や学校のストレス・不安を家に持ち帰ってしまうように、公演本番へ向けての不安要素や心配ごとが頭から離れない日もあるはずだ。そんなときはどう乗り越えているのか尋ねてみると、〝無意識の意識〟という彼なりの秘訣を教えてくれた。

堂本流・不安の乗り越え方

もちろん職種の違いもあるから一概には言えませんけど、まずは自分の抱えている問題を、種類ごとに整理する。「長引くもの」と「長引かないもの」、「自分ひとりで解決できるもの」と「できないもの」、いろいろありますよね？　それらを精査した上で、ひとりで解決できるものはさっさと解決する。ダラダラ考えても答えが出ないものに関しては、「考えない」という意識を持つんです。

そうは言っても、本当に忘れ去ってしまうことは無理ですよね。でも

――ある演出家に言われたことなんですが――この「考えないフリ」ができるかどうかというのが非常に大事だそうなんです。

問題点に対して、真正面から考えて考えて……ってやってるとそれはストレスになってしまいます。そうじゃなくて、「もう考えない」って自分に暗示をかけてノホホンと過ごしつつ、でも頭のどこか無意識の片隅では常に考えてる……そういう状態が作れると、ある日突然アイデアが浮かんだり、解決策が生まれたりして、いい方向に導いてくれる、と。僕の経験と照らし合わせてみても、確かにそういうことってあるんですよね。

この〝無意識〟の境地というのはいろんなことに言えます。例えば芝居のセリフにしても、無意識で言えるようになるのが理想ですし。無意識のなかで作られていく物事こそが、人のバランスを最もうまく組み立てていくんじゃないかと思うので。

「人生における重大な決断ほど、直感に従ったほうがうまくいく」とよくいわれるが、この理論とも通じるものがあるのかもしれない。そう言うと、「でも今の社会には、それが許されないような環境の人たちも多いんだろうけどね…」と申し訳なさそうに声を細めた。歯に衣着せぬ物言いからしばしば〝毒舌〟と呼ばれる堂本だが、働くすべての人たちに対する敬意や優しい眼差しは、こういう瞬間に感じ取ることができる。

最後に、2014年の『Endless SHOCK』地方公演へ向けての意気込みを改めて聞いた。

博多座も梅芸もそうですけど、最初の年に行って驚いたのは、「我々役者は何も心配しないで思い切りパフォーマンスすればいいんだ」という環境を、各劇場スタッフが整えて待っていてくれたこと。だから今回も場所が変われど何の心配もなく、思い切り自分の仕事に専念できると確信しています。帝劇でずっと一緒にやってきたスタッフも、「地方だからといってクオリティーを落とす」なんてことを僕が絶対許さないって、よく分かっていますから。

だから、「大阪での楽しみは?」「博多での楽しみは?」って聞かれれば答えはひとつ。「ステージするのが楽しみ」、それだけです。

（2014年9月号）

※1…アイルランドを舞台に、アイルランド人の男性とチェコ移民の女性が音楽を通じて惹かれあう物語。出演者が楽器を持って演奏しながらダンスや音楽を展開してゆく。2012年、演劇界のアカデミー賞といわれる「トニー賞」のミュージカル部門最優秀作品賞を含む8冠を受賞。2014年11月に日本に初上陸する。

※2…倒産寸前の老舗靴工場を舞台に、職人たちが再起をかけてドラアグクイーン用のブーツを作る話。プライドの高い靴職人と、ブーツを通じてアイデンティティーを見つけようとするニューハーフの、泣き笑いかつハートウォーミングな友情が描かれる。音楽を担当したシンディ・ローパーはじめ、ミュージカル主演男優賞、ミュージカル作品賞など2013年のトニー賞3冠を受賞。

Photo Selection

［特写セレクション］

多くの現場カットと共に誌面に掲載された特写ショット。そのセレクションをご紹介します。

#14 もうひとつの家、これが僕の楽屋ライフ！

僕のような仕事をしている者にとって、楽屋は第2の家。だからいかに快適な空間にするか、マネジャーをはじめ周囲の方々がいろいろ気を遣ってくれています。

『Endless SHOCK』は公演期間が長いので、特に入念に楽屋作りをします。会場となる帝劇（＝帝国劇場、東京）と博多座（福岡）は和室。備え付けのものがないので、座イスをはじめいろいろ持ち込んで自分仕様にしています。梅田芸術劇場（大阪）は広い洋室で、ソファーとテーブルがあるのでカスタマイズの必要があまりないんですよ。

持ち込んでいるもので最大の物は酸素カプセルです。さすがにこれはどこの会場にもない（笑）。こうした器具を使うことにはこだわってなかったのですが、（事務所副社長の）メリーさんに強く勧められたこともあって、毎回レンタルしています。家にも自前のものがありますが、設置が面倒なので（笑）。使うと確かに疲れの回復度合いがちょっと違いますね。『ＳＨＯＣＫ』はものすごい運動量なので、１公演終わった時には体中が炎症を起こしてるような状態になってしまいます。でも酸素カプセルに入ると、腫れが引いていくような感覚が得られるんです。

炎症状態ですから変な話、入浴も、温かい湯船で体をほぐすことより水風呂に入ることのほうが重要だったりします。２０１３年の大阪公演は夏場だったので、毎日のようにたらいに浸かっていました。東京と博多でも同じようにしたかったけど、冬場だったので見送り。氷水は、キュウウッと全身が縮こまる感覚になかなか慣れませんけど（笑）、アイシングとして確かに効果的です。アメフト選手とか、激しい運動をする人は結構取り入れてるらしいですよ。

公演が昼・夜2回ある日は都合5回、楽屋の風呂に入ります（シャワーのみも含む）。そのうち、湯船に浸かるのは開演前のみ。体を温めるためと、温めながら行う発声練習のため。大阪の場合はそれプラス、終演後に筋肉疲労を鎮める氷水ということですね。

顔も体も石けん1個で

楽屋で行うことといえばメイクもありますが、これはいつも自分でやっています。ステージ用のメイクって、使っているものとかやり方が特殊と思っている方もいるかもしれませんが、厚塗りするとかえって汗でぐちゃぐちゃになってしまうから、簡単に済ませるんですよ。『SHOCK』での僕は髪のセットもしません。

テレビ出演や雑誌の取材のときはヘアメイクさんが付きますが、やってもらうのは主に髪のセットで、顔は自分でやりますね。だって化粧水はたいて、粉のファンデーションをバーッと塗って……くらいだもん。下地？　そんなの知らない（笑）。で、目と眉をちょっと描くだけだから、大体6～7分で完了。着替える時間を合わせても僕は10分かかりません。

だからコンサートのときもそうですけど、開演直前までバスローブ姿のまま後輩の部屋に居座っていて「光一くん、もうヤバイっすよ！　15分前ですよ！」ってよく心配されてます（笑）。なぜそんなギリギリにメイクするかというと、自分の中のリズムだとしか言いようがないんですけど。

メイクをした瞬間から役柄に入るとか、気持ちを切り替えるスイッチになる方もいると聞きますが、僕にとってのメイクにそういった精神的な意味合いは全くないですね。気持ちが切り替わるのは、幕が上がるその瞬間だけなので。

あと、よく驚かれるんですけど、メイクを落とす際にクレンジングなんてものも使いません。使っているのは石けん1個。〝メイクも落とせる石けん〟というのを薦められて使ってみたらホントに落ちるので、1日の最後に自宅の風呂に入る時、その石けんで顔から全身まで一気に洗ってます。1回で済むってのがいい。

僕は幸いなことに肌が強いようで、舞台の照明にも肌の負担を感じたことがありません。だからスキンケアも一切しない派。世の中では保湿、保湿といわれてるようですけど、肌はカッピカピに乾燥してるほうが落ち着きます（笑）。ハンドクリームとかリップクリームは嫌い。ベタベタして、むしろホコリや汚れをすべて吸着しそうな気がして。だから顔にもなるべく何も付けたくないんです。

化粧品もヘアケアも、一度使い始めたら同じ銘柄をずーっと使うほうだと思います。こだわりではなく、単に無頓着なだけなんですけど（笑）。もしメイクさんが別のものを持ってきて「こっちのほうがいいよ」って言ったら、黙ってそれを使います。化粧品に対する興味がゼロだから、良しあしが分からないんですよ。使ってみて「合わん」と思ったときだけ言うくらいですね。

美容院にも行かなくなった

シャンプー・リンスもそんな調子でこだわりがないから、人にもらったものを何でも使います。ただ最近よくある〝潤い成分の高いタイプ〟はダメ。しっとりしすぎて髪がペタンコになっちゃって。

街の美容院にももう8年くらい行ってません。髪が伸びてきたら、仕事のついでに現場で整えてもらうから、必要ないんです。

昔はロン毛にしたりパーマをかけたりしたこともありましたけど、パーマは大失敗でしたし(笑)、もう冒険は飽きました。基本的に、鏡の前でじっとしていることが苦手なんです。パーマやらブリーチやらで2時間も3時間も拘束されるなんて、拷問に等しい！　もちろん仕事で髪型を変えなきゃいけないなら嫌だと思いませんが、プライベートでの髪型はどうでもいい。ただ、デコの形からしてあまり短い髪は似合わない、という意識くらいはあるかな。

ソロ曲を出すときには髪でイメチェンをすることがありますね。例えば『Deep in your heart』や『Danger Zone』という曲では、その曲の世界観に寄せていました。逆にKinKi Kidsの場合は、そこまで特殊な世界観を持つ曲がないので、変える必要性があまりありません。ただひとつ、「お前、そんなに髪型コロコロ変えてたらハゲるぞ！」って、(相方の堂本)剛に対しては言っておきたいですね(笑)。

ジャニーズ事務所は、見た目に関して「これやっちゃダメ、あれやっちゃダメ」という制約は特にありません。もろちん、反社会的なものは別ですが。(社長の）ジャニーさんも、無精ヒゲみたいな汚らしく見えるものは嫌がりますが、それ以外は何も言いません。そういった面でのプロデュースは、基本的に本人に委ねているんだと思います。

最近は一般人男性のほうが僕よりはるかにおしゃれに気を遣っていると思います。「時間かけてセットしたんやろうなぁ」っていう、凝った髪型の男性を街で見かけると感心しちゃいますもん。僕はセットするのが面倒くさいがゆえに、常に帽子をかぶっているようなタイプなので。――って、こんなことばかり言ってたら、男性用化粧品のＣＭのお話は一生来ないでしょうね（笑）。

（２０１４年10月号）

#15 演者と演出と映像作品制作の狭間で

9月、10月と映像作品のリリースが続いています。なかでもソロについては映像編集に関してもこだわってやっているので、今回はそのへんの話をします。

僕は、自分がステージ演出に携わった作品が映像ソフト化するときは編集作業にも参加しています。映像編集に関しては素人にすぎないってことは百も承知なんですが、かといって、映像の専門家はダンスの専門家ではないわけで。踊りや振り付けの意図を理解しているかというとそれは違う。そういった点を、実際に演出をつけて踊っている僕自身がフォローすることで、〝真の見どころ〟をこぼすことなく入れてもらっています。

とはいえ、ディレクターは映像のプロですから、プロなりのやり方がある。そこに僕は「ここはこう見せたい。でないと意味がないんです」と細かく伝えながら、少しでも、劇場で舞台を見ている感覚に近い形の映像を作るようにしています。自分だったらこう見る、ここを見る、という仕上がりに。

9月に出た（DVDの）『Endless SHOCK』は、2013年に公演回数が通算1000回を迎えたのを記念して、1001回目の公演を収録しています。なぜ1000回目でなく1001回目なのかって？　それは、これからも作品が続いていくように、との思いから。細かいこだわりかもしれませんが、スタッフ一同のそんな思いも込められています。

『SHOCK』の収録は12台のカメラを回して行っています。収録班としては、万が一、大事なシーンでカメラのピントが合ってなかったりしたときのための予備として、1台でもカメラを多く入れておきたいのですが、そうするためには、その分のスペースを確保＝客席をつぶさなければならない。でも僕はできればそうしたくないので、折衷案として複数の公演に設置させてもらい、1公演あたりのつぶし席を最小限にしてもらっています。ちなみにつぶした分のチケットは、DVD制作側がきっちり買い取っているんですよ。

映像撮影日の注意点

映像撮りの日だからといって、演じる側の雰囲気に普段との大きな違いはありません。ただ、いつも以上に「ミスできない」という緊張感は多少あるかな。だって客席をつぶしてまでやっているわけだから、僕としても責任重大なんですよ（笑）。

あと、舞台の上でなるべくムダなことをしないということも留意しますね。アドリブや冗談を入れる場面も、なるべくシンプルに、基本形にとどめる。しょーもない冗談って、その場で見る分には面白いけど、映像に残って何度も同じのを見せられると、買った人はウザいでしょ？（笑）

実はそもそも僕自身は、舞台『ＳＨＯＣＫ』を映像化することに対して、あまり乗り気ではありません。コンサートを映像化するのは全く抵抗ないんですけどね。だってコンサートには〝ロングラン〟という概念がなく、短期間で終わってしまうものだから。だから同じ〝ステージ作品〟というくくりでも、舞台とコンサートは全く別ものです。その証拠に、ブロードウェイの演劇作品で、映像化されてるものってほぼないでしょう？　なぜしてないかというと、権利の関係もあるんでしょうが、やっぱり〝舞台を見に来てもらうため〟という一言に尽きます。「ＤＶＤでいいや…」と思われてしまっては、ロングラン上演ができなくなって、舞台ビジネスが成り立たなくなってしまいますから。

だから『ＳＨＯＣＫ』も、そうやすやすと出したくないという思いがあります。場数を重ね、稽古を重ね、研ぎ澄ましてきた作品であればあるほど、やっている側としては、生で見てもらうのが最高だという自負もありますしね。

編集作業については以前はすべてにおいて納得がいかなくて、「ちょっと止めて」の繰り返しでした。2005年の『SHOCK』の映像編集をやってた時なんか、ある曲の編集が、昼間の3時にスタートして夜中の3時くらいまでかかっちゃって、それでも終わらなかった。当時のマネジャーが僕の作業を待つ中で居眠りしてしまったんですが、寝て起きてもまだ同じ曲をやっていることにショックを受けてたのを覚えています(笑)。

今はそこまで難航することはなくなりました。まあスムーズになったといっても、今作だって半年かかってるんですけど(笑)。本当に〝正解〟のない作業ですから、根気が要ります。やれどもやれども終わらないという。

こういった現場で学んだことも多いです。例えば、〝引き〟の画から〝引き〟の画に転換すると「何や、よー分からん」という印象を与えてしまうことだとか。逆に、すんごい〝寄り〟からいきなりドン！と〝引き〟の画に転換すると、これもまた「何や、よー分からん」になってしまうんだとか。

急激に切り替えられると画に目が追いつかなくて、脳がビックリしちゃうんですよね。そうすると人間ってどこを見ていいか一瞬分かんなくなって、大事な焦点を見失って、再び空間を認識するまでに少し時間を要します。つまり、最低限そうならないように編集しないといけない。僕が良いと思うカットをやみくもにつなげても、おかしなことになるから、そのへんはプロのスタッフにアドバイスしてもらいながら作っています。

世界観を決定するのは色味

色味、発色というのも、映像編集においてものすごく重要です。『SHOCK』の場合、全部編集が終わった後に色のトーンを決めていくんですけど…例えば

2幕にあるシェイクスピアのシーンは赤色をほんの少し抜いて、ちょっとくすんだ感じにしています。ほかのシーンもしかり、世界観を決める最終段階として、色の調整は非常に大事ですね。抜き過ぎると全く違う世界になっちゃうから、そこはセンスが問われるところです。

こういう微調整も厳密に言えば一種のズルにあたると思うからあまり好きではないんですけど(笑)、この作業は必要不可欠。すべてにおいて発色を鮮やかにしていくと、逆にチープに見えることがあるから難しい。実際に劇場空間にいる人間の目が見た色と、映像に収められたときの色は、どうしても変わってくるものなので。

今回は特典映像として本編の「ANOTHER STORY」にあたるものを収録しましたが、この編集も別の難しさがありました。

これはもともと本編終盤に流れる曲(『夜の海』)のミュージックビデオ的なものをニューヨークで撮ろうという企画だったんですけど、あえて台本を作らず、「イメージシーンA」「イメージシーンB」…という素材をくっつけて数分のイメージ映像集にしたんです。が、気がついたら本編の編集以上に考えることが多くなってしまった(笑)。というのは、撮り集めたいろいろなシーンの順番から、つなぎ方、回想シーンをどこにどう入れるかまで選択肢が無限大にありまして。シーンの順番を入れ替えるなんてのは本編の編集ではありえない作業ですから、それはまたひとつ、いい勉強になりました。

(2014年11月号)

#16
〝カッコよさ〟と〝リアル〟、どっちをとるか

僕が映像編集の作業に参加し始めたのは、ＫｉｎＫｉ Ｋｉｄｓだったかソロだったか…正確には思い出せませんけど、とにかくコンサートのＤＶＤを出す時だった気がします。

きっかけは、ダンスの部分に関してのこんな疑問。「こういう振り付けを踊ってるのに、なんで（カメラが）寄っちゃってそれが見えないの？」。それに対し、僕なりの意見を伝えたりしていました。といっても、仮編集されたものを見せてもらってダメ出しやフォローをする、ぐらいのことでしたが。

今は、編集所に通って、それより前の段階から関わっています。現場に行く

と機材が年々進化してることも分かって面白い。少し前までは大変だった作業がどんどん簡単になってますから、「だったらこういうこともできるんじゃない？」とか言いながら作業に参加しています。

一方で、ＫｉｎＫｉ Ｋｉｄｓのコンサート映像の制作に関しては、近年は何も言わなくなりました。どうしても気になる箇所があれば言いますけど、ほとんどないですね。なぜかというと、ＫｉｎＫｉのコンサートは僕自身が演出しているわけではないから。「ここをこう見せたかった」という思いは、演出した人に集約したほうがブレないものができる。

ただコンサートでもソロ名義のものは、自分の趣味趣向が濃く反映されていて、演出に関しても僕が総責任者。だから映像作品にするときも細かく関わっています。

ライブを行うにあたっては、カメラの配置図を事前に見せてもらって、ある程度それらを把握した上で臨みます。といっても別に〝こっちから撮られてる〟

と意識しながらパフォーマンスするためじゃないですよ(笑)。後になって「ああ、俺はこういう角度・こういう距離の映像が欲しかったのに」とならないためにです。だから配置が気になるときは、「こっちにはカメラ置けないの?」と交渉することもあります。

カメラの台数でいうと、ソロコンサートでよく使うアリーナ会場の場合は大体22～23台。ちなみにＫｉｎＫｉが使う東京ドームなら30台を超えます。一般的なドームコンサートに比べてそれが多いのかどうかは知りませんけど、スタッフいわく、〝2人組〟としては絶対多いらしいです(笑)。

「寄り」VS「引き」

編集作業の過程では、スタッフと意見が衝突することももちろん出てきます。

「ここはこうすべきだよ」「いやいや、こっちのほうが絶対カッコいいよ」と。特に毎回あるのは、〝寄り引き〟を巡る戦い。僕から言えば、スタッフは寄りたがるんです、とにかく。要らないっていうのに（笑）。

だって僕はダンスパフォーマンスを見るときに、踊ってる人の顔のアップなんて見たくない。それは自分自身の作品に限らず、誰のステージに対してもそう。だから、客席で双眼鏡を使ってるお客さんを見つけると、「俺の顔ばっか見てんじゃないよ〜！」って思いますもん。で、あまりにも双眼鏡を手放さない人に対しては、「追いきれないくらい大きく動いてやれ！」って思ってますから（笑）。

僕は、空間全体としての〝ハコ〟を単位に作ってるつもりなので、むやみに寄られちゃうと、意図が全然見えなくなっちゃいます。だから極端な言い方をすれば、収録は引きの定点カメラ1台でもいい。どんな曲でも場面でも、こっちは〝全体像〟で勝負してますから、それでも十分なんです。

編集という作業は、やろうと思えばいくらでもカッコよくドラマチックに加工することが可能です。でも僕の考え方として、あまりそういうのはしたくない。映像化に際しては〝会場で見ている感覚になれる編集〟をポリシーにしているので、DVDを見た時に「実際に見たのとだいぶ印象違うな？」となるのは避けたい。いくら作品としてカッコよくても、この考えは変わりません。

こんなことを言うと、もともと映像作りに興味があったように思われるかもしれませんが、そうではありません。ソロコンサートや『Endless SHOCK』は自分がステージ作りから携わったものだから映像にもこだわっているだけ。実際、PVや他の映像作品には口出ししたいと思わないですから（笑）。

例外として〝踊りもの〟のPVなら、やっぱり「踊りをどう見せたいか」という問題が出てくるから編集に立ち会います（例・アルバム『Gravity』に収録の『Danger Zone』）、それ以外のものに関しては別に…なんですよ。取材でよく聞かれる質問に「監督したいと思いませんか」というのがあるけど、僕、そっちの才能はないと自覚しているので、やりたいとも思わないいんですよね。

作る人によっては、曲と同時に映像が浮かんでくる人もいるようですが、僕はそれもありません。ソロワークに関しては自分で曲を書くことも多いけど、書きながら「こんな映像が一緒になったらステキだろうな」とイメージを膨らませる…といったことはないですね。映像作りに携わりたいと思うのは、あくまで「ダンスがメインの場合のみ」です。

客席で聴いたリアルな音を

技術が進歩して、映像制作でもいろいろな表現ができるようになりましたが、生で見るよりも優れている点を挙げるとしたら、僕には正直、ひとつも見出せないですね。「いかようにも編集、加工できる」という利点はあるかもしれないけど、「それは果たして利点なのか?」と思うほうなので。

例えばドームのような大会場だと、座席によっては音に時差が生まれたりしますよね。でもそういうのもライブ会場でしか感じられない、生ならではの面白さだと僕は思うんです。

ですから、ライブDVDを作る際にはそのあたりのサウンドも非常にこだわるポイントです。コンサートにも舞台にも共通することですが、ライブの収録時には「オーディエンス・マイク」というものがあって、ラインで音を収録するだけじゃなく、オーディエンス・マイクで録った客席空間のリアルな音を、トラックダウンでミックスしていきます。それがないと、空間感覚を全く感じられない音になってしまう。音がクリアすぎて「会場こんだけ広いのに、全く余韻も何もねーな」って感じになるんですよ。

だから会場の歓声やリアクションというのも皆さんが想像してる以上にきっ

ちり収録します。そんなことを考えてＤＶＤを見る人は少ないと思うけど、ライブＤＶＤにおいては、すごく重要なこと。その歓声も、どこにマイクを設置するかによって、音響が全く変わってきますからね。

そうやって収録した様々な音をミックスしながら、トータル・リバーブ（残響）感をどれくらい付けていくべきか？　というのも悩みどころ。付けすぎるとワンワンしてウザいし、全く付けないとクリアすぎてつまんなくなる。その加減って、作業してるとだんだん分からなくなってくるくらい微妙なものですけど、音楽モノの宿命とでもいうか。「ここの部分、このリフを1デシ（＝1デシベル）だけ上げて」とか、「ＤＶＤを買った人はきっと誰も分かんねーよ！」っていうことの積み重ねですから（笑）。でもやる。そこはもう、感覚との自問自答ですね。

（２０１４年12月号）

#17 舞台空間をデザインする美術セットの魔術

『Endless SHOCK』は、2005年に大リニューアルをしたのですが、舞台セットをはじめとする美術全般は前作の『SHOCK』から使い続けている物がかなり多いです。ということもあって、今『Endless SHOCK』で使っているセットは修繕を含んだマイナーチェンジが主です。一方、コンサートではアルバムテーマなどに合わせて毎回新たに作り込んでいきます。

例えば壁の材質。照明プランを作るにあたって、照明がどう反射するかはものすごく大事なので、コンサートではそこをとても気にします。特にメインの演者の真後ろはピンスポットのハレーションが最も行く場所なので、人間の真後ろに光を反射する物体があると、お客さんの視界の邪魔になってしょうがない。だからそこはできるだけ光を吸収する素材で作る、といった工夫をします。

それ以前にまず〝セットのデザインをどうするか〟からですよね。真後ろにバンドがいるなら材質は関係ありません。階段があるなら、そこに電飾を埋め込むのか、じゃあ電飾を埋め込んでるヘキ（＝床に対して垂直な面）はどんな色にするのかなど、なにげなく組まれているステージセットも、実は様々なことが考えて作られています。

ソロコンで試みた工夫

僕のソロコンサートは〝照明で空間を作る場所〟と考えているので、セットは黒系を多用しています。黒いほうが照明のラインがくっきり見えるんです。

過去のソロツアーを振り返るに、『Ｇｒａｖｉｔｙ』ツアー（12年）のセットは非常にやりやすく、見せやすかった印象があります。

ひとつ目のポイントは、バンドや弦楽隊の位置。踊りを集中的に見せたいときは背景にバンドマンが見えてることが不都合な場合もあるので、オーケストラブースを2階と3階に設置して、エスレック（※）のグラデーションブースを作ったんです。そうすると通常時はバンドが目立たないし、バンドを見せたいときはそこにあかりを入れればエスレック越しに見える。

2つ目は花道の工夫です。『Ｇｒａｖｉｔｙ』では可動式の花道を作りました。常々言ってることなんですが、僕は花道が好きじゃない。なぜってそこに花道があるとお客さんは「わぁ、ここに来る！」って期待するじゃないですか。開演前からそういうヒントを与えてしまうのが嫌なんです。「花道あるのに一度も使わんかったら面白いかな」なんて考えるくらいですから(笑)。

なので、「天井高くに通路を隠しておいて、ある場面になったら降りて花道になる、っていう機構ができない?」と言ってて、それが実現したのが『Gravity』のセットでした。照明トラスだと思っていた鉄骨が降りてきて通路になるっていうね。最初から花道が見えているより、お客さんのテンションも上がるでしょう?

ちなみに1stソロコンサートではお城の外壁みたいなセットだったんですけど、そこでも学んだことがあります。見栄えはするのだけど、いざ使ってみると難しい。どっちかというと無機質な、意味を感じさせない空間のほうが、1曲1曲をショーとして変幻自在に見せるのに適している。〝お城〟という具体があるとそのイメージにどうしても引っ張られて、世界観の転換が難しくなるんです。〝ファニーなお城〟〝暗いお城〟〝ミステリアスなお城〟…といった変化を持たせることはできますが、何やったって〝お城〟なわけですよね。アルバム自体がお城というテーマだったら、それもいいと思うんですけど、コンサートだけそうしたセットを組んでもなかなか使いこなせない。

〝無機質で無意味に見える空間〟と言っても、大まかなイメージや方向性はもちろん存在します。セット作りは漠然としたイメージをステージスタッフに話すことから始まる。その際、僕が見たDVDの作品名を挙げて、それを参考にしてもらうこともよくあります。

イメージを伝えるときに大事なのは、最初から予算のことを考えないこと。大きさがどうとか人手があるかとか、現実的な制約はまず度外視して、イメージに集中して議論する。すると当然、あとあとスタッフから「これをやるのは厳しい」と出てきます。そしたら「じゃあ、どこまでならできそう?」といったふうにできることを組み立てていくわけです。

僕の経験から言うと、非現実的でもまずは言ってみることから始めないとダメですね。最初からチマチマした枠内で発想していたら、チマチマした物しか作れないし、出来上がらない。だからある意味、僕にとってスタッフとの打ち合わせは、彼らとの〝勝負〟なところもあります。「それができないんなら、こっちをこうしない？」とかギリギリまで交渉します。

セット周りでいくら凝っても最終的にはステージって〝演者〟があってナンボだと思います。だから僕は「この機材すごいね！」って言われてもうれしくない。よく新聞とかで〝何億円かけたセット〟なんて書き方しますけど、個人的にはそんなのどーだっていい（笑）。心底不要な情報ですよ。

結局は、立っているプレイヤー、立っている人間が一番素晴らしく印象に残らないといいステージとは言えない。そしてその人間が何をやりたいかが見えないと、ライブをやる意味がない。それが僕の信じるところです。

理屈のあるデザインが好き

〝花道が嫌い〟以外にこだわりポイントを挙げるとするなら…（笑）、やっぱり〝踊れるスペースを確保すること〟ですかね。だから「何間の幅で」という話は、最初の打ち合わせでしっかりと話し合います。

あとは床の材質。リノリウムを張るのか、アクリルにするのか。例えばリノリウムを張る場合、ステージ全体を1枚でまかなえるものは無いから、ツギハギをしてステージを作っていくんですが、その継ぎ目が踊る場所にきちゃいけない。そこでちょっとでも足が引っかかると気持ち悪いし、なにより危ないですから。今でこそスタッフさんもそういうのを分かってくれてますけど、最初の頃は建て込み上の効率がいいようランダムに張られてたから、「ゴメン、このこれ、ちょっと勘弁して」って継ぎ目の位置を直してもらうことがよくありました。

リノリウムとアクリルなら、踊りやすいのは断然リノ。でも最近は、床に電飾を埋めたりする関係でアクリルを使うことも多い。まぁ、それは妥協できる範囲です。

さんざん語っておきながらなんですが（笑）、デザインの才能は自分には全然ありません。子どものころからアート系は苦手だったんですけど、ただ、メカのデザインは好きでした。アートは理屈じゃないけど、例えば車のデザインには機能性なり安全性なり、理屈があるでしょう？　理由があって初めてデザインに惹かれる。おしゃれな服でも着づらいのはムカつきますから（笑）。

ただ一方で、無駄なものを楽しむという贅沢も理解できますけどね。でもそれは別次元の話。ステージセットは、絶対に無駄がないほうがいい。削ぎ落としていく作業こそが重要。僕はそう思います。

（2015年1月号）

※…細かいLED電飾で覆われた網状のスクリーン。紗幕のような役割を果たす。

『Endless SHOCK』終盤の一場面。汗まみれでメイクも髪型ももはや“風呂あがり状態”。厚塗りしたら流れ落ちて大惨事になるため、「メイクはいつも軽め」という。「だからファンデーションもなかなか減らない」（堂本）。

1幕終わりはこの状態。幕間にシャワーに飛び込み、メイクを直し、着替え…と猛烈に慌ただしい。

楽屋シーンのリハ風景。これは私用のバスローブなので、実際の楽屋姿に近い。本番衣装はドレスシャツ。

#14

#15

『Endless SHOCK』第２幕、シェイクスピアの劇中劇の場面。回想シーンという設定もあり、映像化の際は赤みを抑える処理をしているという。

ステージいっぱいに様々な闘いが繰り広げられているため、カット割りが難しい立ち回りのシーン。

#15

終盤に流れる『夜の海』という曲は、舞台仲間の記憶の中に蘇ったコウイチが、全員と踊る最後の曲。文字どおり“全身全霊”で行うパフォーマンスだけに、どのアングルにも耐えられるスキのなさ。

#16

2012年のソロコンサート『Gravity』の模様。堂本演出はフォーメーションダンスが多いため、見方としては確かに“寄り”より“引き”が妥当。

2014年元日のKinKi Kidsコンサート。ステージのあらゆるところにカメラが仕込まれている。

光一の誕生日でもある元日は、コンサート中のバースデーイベントも恒例。ここではカメラがステージに上がり、細かい動きをすべて追いかける。

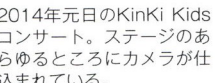

舞台稽古中に床のくぼみが見つかり、スタッフが急いで補修。フロアのコンディションがよくないと、美しい舞いにならない上、けがにもつながりかねないので、わずかなへこみでも納得いくまで解決して本番に臨む。

ステージのバック全体を埋める巨大な和の屏風。和風ながらどこか洋風にも見え、モダンなイメージ。

左ページ／背景にうっすら見えるマーブル模様は、左右から前方に徐々にスライドして、4・8メートルの大階段に変身する。ステージ上に現れる鮮烈な赤は、物語のメリハリを加速させる役割も担っている。

#17

17

ソロコンサートで登場する可動式花道。上の照明トラスに見える部分がそれ。歌いながら本人がどんどん近づいてくる高揚感は言うまでもないが、花道が天井から降り切るまでの時間がまたなんともいえない。

#18 歳を重ねるということ——エイジングの考察

1月1日に36歳を迎えました。今回は〝歳を重ねる〟をテーマにお話ししたいと思います。

こういう仕事をしていて〝年齢〟というと、まず連想されるのが〝体力・気力の衰えとキープ法〟。でも僕の場合、ステージでの体力面でいうと、ある意味では10代の頃以上だと感じています。

もちろん、回復力は昔のほうがあったかもしれません。でも、けがやトラブルが減った。それは日頃のトレーニングの〝答え〟でもあります。10代の頃は大してメンテナンスをせず、随分無茶をしていたのですが、年々その怖さを知るようになり、日々積み重ねをしてきました。それが毎年の長期公演を支えてくれています。

舞台の内容が昔より激しくなるにつれ、それに見合った体作りをせざるを得なくなった、というのもあります。回復力が落ちていく分、試せることは全部試してみなきゃと。具体的なトレーニング内容は…企業秘密ですけど(笑)。

「10代の頃より体力がある」と言ったのは、肉体面というよりむしろ精神面の作用が大きいですね。精神的に強くなれば、フィジカルの部分もかなりカバーできるんです。筋トレだって精神力が強くないとできないものですし。

世の中には、自分の余命をあと何年と仮定して、それまでに実現したい夢や極めたい芸術(=ゴール)から逆算していく方もいると聞きます。けど僕はそういう考え方はしないかな。それより、「今この時、自分に何ができるか」にすべてを注いでいきたい。

「ダメ」を怖く感じないために

理由は分かりませんが、僕の中にはいつでも「ダメになった時は、なった時だ」という考えがあります。舞台にしてもコンサートにしても、お客さんが「光一、もうダメだな」と思ったら、それはもう仕方がないことなんですよ。でも、そこで後悔は残したくない。自分なりに納得のいく表現をした上での「ダメ」という評価なら怖くないし、その時こそ、何かを変えるべきタイミングなんだと思います。きっと。

物事何でもそうですけど、最終的には、なるようにしかなりません。僕は自分の到達点とかゴールを定めないんですが、それが理由です。ゴールを決めてしまうと、一つひとつ計画通り進めなかった場合に落胆するでしょ？ で、できなかった自分に対して不安が残るでしょ？ そうじゃなくて「今やれることはすべてやった！」と言いながら自信に換えるほうが、僕は好き。特に僕のような仕事は、わずかでも不安を残したままにするより、自信を持つ方向に努力したほうが、絶対的に良いものを表現できると思うんです。

歳とともに丸くなってきたか、って？（笑）確かに前と比べて諦めがよくなったのは思い当たるけど、一方で「諦めるの大嫌い！」という面が強くなってる気もします（笑）。例えば家具の裏側にあるコンセントに線をつなぎたい、そんなときに、手を伸ばしても届かない大変な体勢になってたとしても…「絶対、絶対に諦めへん！」みたいな（笑）。

まぁ、〝諦める〟というより〝割り切る〟ことは、だんだんと上手になってきたかなとは思いますね。昔は、やることをたくさん抱えると「あれもやらなアカン、これもやらなアカン」ってパニックになることがよくありました。けどそういった経験もしてきたおかげで、〝今すべき、一番大事なこと〟に集中してやることを覚えた。そうしないと、結果的に何もできないんだな、と。ある種の〝捨てる勇気〟ですね。

学校の勉強も同じですよね。数学の勉強をしようという時に「でも社会もやらな…」って考えながらやっても、結局どちらも中途半端になってしまう。

――多分、今のこの考え方で学生時代に戻れたら、僕はすごく勉強のできる子になれると思います(笑)。

割り切れるようになったと言っても、夢がなくなっているわけではありません。むしろ〝欲〟という意味では二十歳の頃よりも思うことはたくさんあります。それがなくなると本当に、自分の中からもう何も生まれてこなくなるのかもしれない。

例えば僕も社会に生きているひとりとして、「なんやねんクソが!」って思うことが日常、あるわけです(笑)。でも怒りが湧くということは、自分の中できっと〝こうじゃない理想とする何か〟がある証拠だと思うんです。だから仕事の面で怒れる部分は持っていたほうがいい。それは向上心につながっていきますから。

一方、人付き合いのスタンスは、昔から変わってません。そうそう、なんか僕、人付き合いが悪そうなイメージが付いてるかもしれませんけど、悪くないですから！（笑）飲みに誘われれば行くし、行っちゃうと途中で帰れないタイプ。行く前は「明日早いから早々に切り上げるぞ」と思っていても、その場では席を立てない。「今ここで俺が〝ちょっとお先に〟って言ったら場がシラけるやろなぁ」って思って。

僕が手を振らない理由

歳を重ねると〝どんなクオリティーでもキャーキャー言ってもらえる状況〟というのは当然、なくなっていきます。お客さんも、以前と比べてどうか、人間性はどうか、という根本的なところを見るようになってきますから。

僕がコンサートで手を振らない理由も、実はそのへんと関係しています。そりゃあ、近くにいるお客さん一人ひとりの目を見て笑顔で手を振ったら、心をつかめると思いますよ？　でも割と早い段階で「これ要らないな」と思ってしまった。ファンサービスよりパフォーマンスで、お客さんの心をつかめるアーティストになりたい、ならなきゃ、と自分に課した瞬間があって。「もう一度手を振ってほしい」と言われるより、「もう一度あのステージを見たい」と言われる人になりたい。そのほうが僕は100倍うれしい。

とはいえ、この先、本当に体力の限界が来たらどうするか。その時こそ、歳相応の魅力を追究していくタイミングかもしれませんね。以前も話しましたけど、ダンスってただガシガシ、バキバキ踊りゃいいってもんでもないですし。絶対にある〝歳相応の素晴らしさ〟を、いかに自分のものにするか、です。

鍛えた内面やメンタルは、そこでものをいうんでしょうね。うちの事務所のタレントたちに関して言えば、それぞれ芸事に対するスタイルは違いますけど、個性や自分なりのスタイルを守ってやっているから、いくつになっても「輝いてるね」って言ってもらえるんじゃないかなと思います。
　近年は海外でも、ニュー・キッズ・オン・ザ・ブロックやバックストリート・ボーイズなど、アイドル的なボーイズグループが、40代までオリジナルメンバーで活動を続けている例が目立ちます。それとジャニーズアイドルとの関連性はないと思いますけど(笑)、単純に僕もバックストリート・ボーイズの1ファンとして…結局、みんな努力してるんだと思います。そこは間違いない。努力してるから「まだまだこれをやりたい、あれを表現したい」といった欲が尽きないんじゃないでしょうか。

(2015年2月号)

#19 参加し、鑑賞し…テレビドラマに思うこと

3月、ドラマに出ることになりました。スペシャルドラマ『天才探偵ミタライ～難解事件ファイル「傘を折る女」～』(フジテレビ系)です。僕にとっては『スシ王子!』以来、8年ぶりのドラマだと聞き、ちょっとびっくり(笑)。というわけで、今回はテレビドラマに関してお話しします。

撮影は2014年の8月。スタッフは〝初めまして〟の方ばかりだったので緊張もありましたけど、ドラマの現場の感覚は割とすぐ取り戻せました。

現場では、ドラマって舞台とは違った瞬発力が必要だなと今回も感じました。同じ〝お芝居〟でも全然違う作業なんですよね。

まず、ドラマは基本的に稽古がありません。舞台だったら稽古をやっていくなかで、話し方ひとつでも数ある選択肢から最適な形を見いだしていけますが、ドラマにはそれがありません。

稽古がないというのは、相手役の方がどんな芝居でくるのか、本番当日まで分からないということでもあります。作品のテイストをつかむうえでも、自分の役柄に色を付けるうえでも、〝周りの共演者がどういう演技を持ってくるか〟は重要な参考資料。それをいざ現場に立つまで見ることができないわけですから、その場での一瞬一瞬の瞬発力、対応力、判断力というのが非常に試されることになります。

さらに撮り順もバラバラなので、パズルのような作業も同時に発生します。例えばクライマックス場面を撮り終えた数日後に序盤のシーンを撮ることがある。そこで「えーと、確かこないだ自分はああいうふうに演ったよな？　ここを経て、ああなるわけだから…」という〝逆算のパズル〟が必要になってきます。分かりやすく言うと、つじつまを合わせる作業。セリフを覚える以外にも細かく頭を使ってカメラの前に立っているわけです。

僕が今回演じる石岡和己という役は、名探偵・御手洗潔の親友で作家。台本を読んだ時から本番までの間に、造形が結構変わりました。最初は原作を読まずに台本から受ける印象を重視しようと思ったんですけど、それだけでは人物像が定めづらかった。ミステリー作品の性質上、探偵側の日常生活やパーソナルな面に関する描写が少ないこともあって。

御手洗は変わり者なんですが、石岡も僕からしたらかなり謎です。「明るい奴じゃないな」とは思ったんですが、暗いわけでもない。かと思えば割烹着を着て料理作ってたりするし、たまに、すごく格好つけたセリフも言う。「ど、どういう感じで言えばいいんだこれは!?」みたいなことが多かった（笑）。

何せ原作の舞台が古いですから（70年代）、セリフも古い言い回しが多いんです。そこは監督と相談して、今っぽく調整していきました。そのあたりの微調整も含め、意外と難しい役だったと思います。

海外ドラマの心地よさ

ドラマはこれまでたくさんやらせていただいていますが、もともとあまりテレビっ子じゃなかったので、人生最初に見たドラマは全く覚えてません。本当に僕、この仕事を始める前までの記憶ってほとんどないんですよ。毎日家で何してたんでしょうね？　勉強してたわけでもなさそうだし(笑)。あ、でも、『東京ラブストーリー』（91年）は見てたかな。

ふだんよく見るのは海外ドラマです。海外ドラマ（主にアメリカのドラマ）って、1本1本のクオリティーが映画並みじゃないですか。まずお金のかけ方が全然違うのが一目瞭然ですよね。低予算でも良質な作品がいっぱいあるのは承知してますが、やはり映画並みの見応えが、作品にハマるフックになっているのは否めません。

加えてシーズン1、シーズン2、シーズン3…と長く続いていくというのも、僕の性格には合っています。何というか〝じっくり描いている〟心地よさがあって。ストーリー展開はどんどんいろんなことが起きているんだけど、じっくり描かれているから集中が途切れない。それが見応えにもつながっていると感じます。

長い作品といえば、NHKの『軍師官兵衛』を毎週見てました。「さすがお金かかってんなぁ」とか「関ヶ原で終わっちゃうのかよー。ここからが面白いのに！」とか、好き勝手言いながら(笑)。

大河を全話見たのは初めてでしたね。個人的に戦国時代や明治維新あたりの歴史ものは好きだから、「1回見てみよ～」って見始めたんですけど、気がついたらハマってました。

NHKで仕事があったとき、岡田（准一。主演で事務所の後輩）が楽屋に来てくれたから「見てるよ」と言ったら、「絶対ウソですよ」って信じてくれませんでした（笑）。年末に『ＦＮＳ歌謡祭』で会った時もそんな話になって。僕はその時見た〝岡田ヘアー〟がヅラだっていうのに改めてびっくりしたんですけど（編集部注／役で剃っていたため）。あまりによくできてるから、中居（正広）くんとかも一緒になって「みんな、ヤバくなったらその業者を紹介してもらおう！　これで安心だ！」なんて言って盛り上がりました（笑）。

楽しく見た『軍師官兵衛』

話を戻しますと、時代劇って純粋なドラマの見方とはまたちょっと違う要素が入ってくると思います。歴史ものって、諸説あるなかで描くから。僕も「あ、そっちの解釈なんだ」という興味から見ているところがあります。

『官兵衛』にしても、最初は僕の思う官兵衛像と違ってて「え〜、こんないい奴か？」と思うところも正直ありました。でも終盤に行くにつれて彼の野心や黒い部分、悪い笑みがクローズアップされてきた。そこには演じている岡田の意思みたいなものも感じたし、なるほどな、って楽しませてもらいました。

韓流ドラマは見たことないですね。韓国の脚本家で僕のファンだという方が、以前、楽屋あいさつに来てくださったことがあるんですが…。ただ、韓国の映画には好きな作品があるから、ドラマのほうも今後興味を持ってみようかな。

ジャニーズにとって〝テレビドラマに出ることの意義〟？　また難しい質問を…！（笑）まあ、非常に影響力の大きいものだということは間違いありません。言ってみれば我々ＫｉｎＫｉ Ｋｉｄｓだって駆け出しの頃、まずドラマで認知してもらったところが大きいわけじゃないですか。僕らはそこから出発し、バラエティ番組を持たせてもらうようになり…という順序でしたから。

ただ、その順序が２０１５年の今も最強なのかといったら分かりません。僕らの頃はネットのない時代で、ドラマの視聴率も今とは大幅に違います。環境の変化によって意味や役割が変わってきているというのは当然あると思います。ドラマに関連して言うと、歌手が主演する場合、主題歌も担当させてもらえるケースがありますよね？　アイドルが主演の場合、その主題歌を楽しみにしているファンも多いから難しいところだけど、個人的には考えてしまう部分も正直あります。

もちろん、曲も担当させてもらえるありがたさは心から感じているのですが、ものづくりの観点から見た理想論はまた別で。お芝居して、そのドラマの中で〝役に生きている〟のに、最後で役に生きてない〝本人の声〟が流れるというのは…「ウ～ン」と思うところが実はある、僕は。でも、作り手の工夫で違和感なく仕上がっている作品もあります。それなら問題ないし、そうあってほしいと思っています。

（２０１５年３月号）

#20 現場では監督の思う形に寄り添えるように

今回出演させていただいたドラマ『天才探偵ミタライ～難解事件ファイル「傘を折る女」～』で、僕は、玉木宏くん演じる名探偵・御手洗潔の同居人で小説家の石岡和己という役を演じます。彼のふとした言葉をきっかけとして、御手洗が事件解決のカギやひらめきを得たりする役どころ。いわゆる右腕ですね。こういう、誰かの補佐に徹するような役柄は自分の経験上あまりなかったので、新鮮な感じがします。

玉木くんとは一度『リモート』という連ドラ（02年、日本テレビ系）で共演しているんですが、その時は一緒のシーンが全然ありませんでした。打ち上げで初めて会ったくらい。それ以来の再会となったわけですけど、同世代ということもあり、早い段階で打ち解けて役に入れたんじゃないかと思います。

玉木くんと2人だけでセリフを言い合う長いシーンが結構ありましたが、その時は、「覚えた？」「まだ覚えてない」「俺も。ゼッタイ抜け駆け禁止やで！」って、テストの日の中学生みたいな会話をしてましたね（笑）。現場では、勝村（政信）さんがムードメーカーになってくれたりして、終始とても和やかに進みました。

セットを見ながら、演じる役のヒントを拾う

皆さんは、御手洗と石岡が住んでいる家のセットを見るとちょっと驚くかもしれません（編集部注／クラシカルなインテリアが隅々まで取りそろえられた、

重厚な趣の部屋)。セットからは役を知る上で様々なヒントが拾えるので、監督とはこのへんの話もしました。「御手洗は居候みたいなもんだとして、こんないい部屋に住めるってことは、石岡の小説は売れてるんですね?」などなど。

そのセットに入った日は、演じる人物の〝台本には描かれていない動線〟を自分なりに考えたりしました。今回なら「石岡は日々どこで小説を書いたり考えたりしているんだろう」と。劇中では、石岡が事件の謎について自分なりの解釈で仮説を組み立てて、御手洗にプレゼンする場面が結構あるんですけど、そういうときはリビングにある作業場みたいな空間に立って、自分の解いた世界をとうとうと語ります。監督とは〝石岡劇場〟と呼んでました(笑)。

なぜ〝劇場〟かというと、御手洗に向かってというよりも、まるで目の前に広がっている(事件の)現場に入り込むように語るから。逆に御手洗はクールに、それを聞いてるか聞いてないかぐらいの感じで座っている。そこで石岡は勝手にひとりで頑張ってる、みたいな構図を監督と相談して作っていきました。

僕流のセリフを覚えるコツ？　それはひたすら（台本を）読むのみですよ（笑）。主に自宅でですけど、スケジュール的に厳しい場合はもちろんクルマでの移動中に読んだりもします。覚えるためにはやはり合間を見つけてひたすら読んで頭に叩き込むしかない。

で、何度も読めば頭に入るかというと…大抵は入るんですが、自分でも不思議なくらい入りにくいことがあります。それがなんとも厄介で。

理由として考えられるのは、自分的に「この一言、要らんやん」と感じるフレーズが登場してしまった場合です。決して脚本が悪いとかではないんですよ？　ちゃんと意味があるから書かれているわけで、それは分かってるんですけど、何となく生理的に据わりが悪い言葉ってあるじゃないですか。そういうのが出てくると、自分の中のリズムに乗らなくて行き詰まることがある。「この一言さえなければ俺的にしっくり来るねんけどなぁ…」って意識し始めちゃうと、もうドツボですね（苦笑）。

今回の撮影でも1カ所、それでNGを連発してしまった箇所がありました。〝に〟とか〝を〟とかの接続助詞が全然自分のものにならなくて。セリフの全体像は頭に入っているのに些細なところで言い間違えるケースだったので、どうしようもなくなった。そのシーンは、僕の横で勝村さんが何か食べているという場面だったので、たくさん食べさせることになってしまいました…。大変申し訳なかったです。

ドラマはあくまで監督のもの

僕は普段、映像編集をやることもありますが、かと言って、ドラマの現場でカメラワークやアングルが気になってしまうということは、全くありません。ドラマは〝監督のもの〟だと思っていますから。そこはドラマと舞台との大きな違いかもしれない。

前にもお話ししましたけど、森光子さんがおっしゃってたことに「稽古場がどうであれ、演出家が何を言おうが、舞台とは、幕が開いてしまえば私たち役者のもの」という言葉があります。その通りなんです。

でも、ドラマはそうじゃない。本番が始まってカメラが回ったとしてもなお、そこにあるすべては監督の手の中にあります。最終的には〝編集〟という作業も加わる。だから僕たち演者は、どこまでも監督の思う形に寄り添っていくのが仕事。もちろんその中で自分が思いつくアイデアがあれば、「こういうふうにしていいですかね?」と提案したりはしますが、「それはナイ」と言われたら「分かりました」ってやるしかない。僕は「こうしてほしい」と言われたことは受け入れる姿勢なので、監督の言うことに異論を唱えることはありません。

これは映画にも共通して言えることだと思います。特に近年は、映画もフィルムからデジタル撮影になって、現場の空気はテレビドラマとほぼ変わらなくなったという印象が強いです。

映画といえば、話題作からB級作品まで、一応なるべく見るようにしています。ちょっと前も、聞いたことのないタイトルの作品が配信のランキング上位にいつも入っているから「なんやねんこれ?」って見てしまったんですけど、しょーもない映画でした(笑)。

でもB級といっても侮れなくて、製作費が低い中でヒットした『SAWソウ』(04年米)のような例もありますからね。ただ、この映画は思いがけずヒットして2、3…と続いたパターンだからか(編集部注/結果的に7本作られた)、続編は僕的にはビミョーになって、結果的に最初のが一番よかったんですけど(笑)。

そうやっていろいろな作品を見るなかでは、ひとりの観客として残念に思うことも正直、あります。例えば人気ドラマが映画化された場合にありがちな、〝ドラマを見ていたからこそ鑑賞に堪える〟という作り方。映画だけを単体で見ると「ん？」ってなることが多いというか、概して内容が薄味な気がして…。そういうものに続けざまに遭うと、邦画から離れる人も出るんじゃないかと思ってしまう。

テレビドラマを取り巻く状況が変わり、いろんな事情もあるとは思います。僕の立場から思うのは、少しでもクオリティーの高いドラマを作るため、自分にできることがあるなら努力したい。ただそれだけですね。

（2015年4月号）

#21 改修・閉鎖だけじゃない僕の“会場問題”

閉館や改修工事に入る有名会場が都内とその周辺で相次いでいます。特に2015年以降は増えるようで、開館時からジャニーズ事務所がお世話になってきた青山劇場もこの3月に閉館しました。

会場によって理由は様々で、一番多いのは、5年後の東京オリンピックに向けた改修のようですが、老朽化した会場が多いのも事実。一時的な閉鎖であっても、その間はライブをする場所が不足するんじゃないかという、アーティストにとって心配な問題も浮上しているようです。

青山劇場の閉館は個人的にすごく残念。あれだけのセリの機能があるハコって他に見たことないから、なくなるのが本当にもったいなくて。うちの事務所の演目は、あのセリを最大限に活用したショーだったので、なおさらですね。

青劇の舞台装置はすごいですよ。帝国劇場のような老舗劇場とは機構自体が違うから、同じものとして語れないぐらい。例えば床がセリ上がっても、その下にもう1枚床が出てくるので、セリの下にも人が立てる。また、ハンパない台数のセリが1段ずつ上がって、大きな階段状にもなる。楽にバリエーションが見せられるんです。

僕自身は立ったことはなく、主に見に行く側だったんですが、お客さんとして見てもいい劇場だったと思います。前の人の頭が視界にカブらないよう客席の傾斜とズレが絶妙に考えられていて、非常に見やすい劇場でした。

なじみのある会場では、横浜アリーナもうちの事務所のコンサートをよくやっています(※)。僕は常々「横アリが一番やりやすい」と言っているんですが、その理由は、大きさ、座席数(約1万7000人)などが、自分が作りたいと思う空間に一番近いサイズだから。大阪城ホールや名古屋のガイシホールも同じくらいの規模ですが、横アリは収容人数がこの2つに比べても多いから、コンパクトでありつつお客さんのエネルギーを一番感じやすいんです。あれ以上広くなると客席が遠くなっちゃうので、すべてがちょうどいい。

コンサートツアーをするときは、必ずどこかの会場を基準にして作ります。僕の場合、アリーナツアーだったら横浜アリーナが基準。ツアーの中で規模的に最大の場所をベースに考えておけば、他の会場で「サイドの○○を削除しなければならない」といった事態が起きても対応しやすい。何かを〝足す〟作業に比べて、〝削る〟作業は比較的易しいので。

会場が違うと、音響的な違いがあると思うかもしれませんが、演者の視点で言うと、実はあまり感じていません。なぜならイヤーモニターをしちゃうから。いったん音環境を作れば、どこへ行こうと僕がリハに入る時点では同じ状態でチェックできるように音が整えられています。そこはPAさん（音響スタッフ）

の手腕と尽力で。

気になる京セラドームの音響

それでも音的にデッドな会場や、響きすぎる会場はあります。多いのが、会場の奥のほうに低音が溜まってしまうこと。〝ＬＯＷが溜まる〟という言い方をするんですけど、ベースの音の粒がくっきり見えず、〝ぼ〜ぼ〜〟しちゃう状態。ＰＡさんは、そういう状況を少しでも改善できるよう頑張ってくれるわけです。

リハーサル中、自分で客席に座って、音の聴こえ方を確認することもあります。この前は京セラドームで外周を歩く時にちょっとイヤーモニターを取ってみました。そしたらＬＯＷが少なかったのと、全体の音量的にもパンチが弱い気がしたので、それをＰＡに伝えたんですが、「東京ドームを見越して環境作ってるんで」と言われて、「ああなるほど」と。東京ドームって条例の関係で、一番控えめな音量にしないといけないんです。

その京セラドームのときはそういう事情を理解しつつも、「この曲とこの曲はパワーがないと絶対シラけるから、何とか頑張って」とお願いして、改善してもらいました。でも東京ドームの規制の厳しさはどうにもならないですね。年々厳しくなってる気がする(笑)。もし「昔より聴きやすくなった」と感じているなら、それはスピーカーが進化したせいですよ。やっている側からしたら、根本的な問題として、音量をあまり出せないことが常につきまとってますから。

ただここだけの話、なかには〝やり逃げ〟するアーティストもいるらしいですよ(笑)。1日しかやらない人たちは爆音出して怒られても、事後の話だから、言ってみればやったもん勝ちでしょ? 僕らは毎年使う上、2デイズ以上やるから、〝注意事項〟として降りかかってくるわけです(笑)。

東京ドームには、他にもお客さんが知らないであろうルールがこまごまあります。例えば演者がテンション上がって客席に下りる行為。あれも厳密にはダメなはず。

京セラドームの客席がジャンプNGというのは、最近まで知りませんでした。なんかそういう、お客さんしか知らないルールって結構あるんですね？　僕が近年自分のソロコンでうちわを廃止したのも、「胸の高さより上に上げちゃダメ」っていう決まりを今さら知ったからなんです。「そんな、腕を上げたり手拍子も打てないようなモノは持たんほうがいい！」っつって廃止させてもらいました（笑）。

海外で目撃した仰天風景

海外でのコンサートは、日本でやるのと思ったほど大きな違いは感じてません。スタッフも機材もそのまま向こうへ持ち込ませてもらっているので、会場が演者に及ぼす影響はさほどないんです。

あるとしたらやはり、条例や法律の問題でしょうか。日本では多少ルールを破ったとしても「興奮してついやっちゃいました、すいません」で許されるかもしれないけど、さすがに海外で法律を犯すことは避けたい(笑)。

日本でも海外でも最も気にすべきは消防法ですね。以前、台湾でコンサートをやった時に現地の特効スタッフがタバコくわえながら火薬を仕込んでるのを目撃して震え上がったことがあります。もちろん厳重に注意しましたけど(笑)。

海外のショー映像を見ていると、客席の真上で火を焚いてる演出とかがあって、「絶ッ対に日本じゃ許されないな!」と驚かされます。日本ではコンサートにしても演劇にしても、火薬を使う場合は、人と6m以上離さないといけないんですが、上下間の6mは6mと見なされないんですよ。つまり上空何十mであっても客席の真上だと0mと見なされてしまい、NG。

演劇で手に持つ火なども、本当はステージ上で完全に消してから袖に持ち込まないといけないと聞きます。現実にはみんな、ギリギリのところで粘ってますけど(笑)。だって、消火活動のせいで芝居の流れに違和感が出てしまっては、本末転倒ですから。

もしそうした規制がなければ、もっといろんな演出ができるのかもしれません。かといって、いいものができるかと言ったら、それも違いますけどね。規制がないならない分、いろいろ考え直す必要が出てくるでしょう。いつも言うことですが、一番大事なのは、〝何を見せたいか〟ですから。

(2015年5月号)

※堂本のソロコンサート会場としても使用。2016年1月12日~6月30日を休業し、改修予定。

#18

毎年元日に行われるKinKi Kidsのコンサートでは、堂本の誕生日を祝うのが恒例。ふだんから長いといわれるKinKiのMCだが、この日は1時間を超えることも。コンサートでも手を振ることは確かにほぼなし。人差し指を立てる程度で、やってもガッツポーズまで。

コラムに何度も登場している舞台『Endless SHOCK』の劇中劇「ジャパネスク」。精神力と体力の両方が求められる象徴的な場面。

#19

『天才探偵ミタライ』、ある日の撮影現場。堂本にとっては初めて組むスタッフだったが、モニターチェックの際もなごやかで終始この笑顔。

堂本ふんする石岡は、御手洗探偵の事件解決において助手的立場にある。料理男子で、家事をするときは割烹着。

メイク直し中の堂本。セリフが多い上、理論立てて物事を説明する石岡の言い回しに悪戦苦闘していた。頭の中ではセリフを猛烈に反すう中?

#19

#20

石岡の部屋。キャビネット、本棚、照明器具など、家全体がアンティークで埋め尽くされ、格調高い雰囲気。柱の立派さや床材、壁紙のセレクトなどから石岡は、小説家として相当儲かっていると読み取れる。この家に石岡が御手洗（玉木宏）を居候させているという設定。所々に置いてあるギター、サラウンドスピーカーなど、男の趣味が満載。

2015年３月で閉館となった青山劇場。開館の85年にCDデビューした少年隊は、翌86年からオリジナルミュージカル『PLAYZONE』を上演、今井翼やKis-My-Ft2ら後輩に継承されていった。帝国劇場で堂本がロングランを続けている『Endless SHOCK』も原型の初演は青劇(91年)。

東京ドームでのKinKi Kidsコンサート。火や火薬をぜいたくに使った特殊効果が見どころのひとつ。メインステージからかなり離れたスタンド席でも一瞬熱くなるほどの量なので、取り扱いには細心の注意が払われる。

コンサート中、イヤーモニターをいじる堂本。観客が聞いている実際の音量を知るため、一瞬はずして確認することも。

FLAME PHOTO Special 後編

フレームフォトスペシャル

「フレームショット」後編。連載では毎月少しずつ入れ替わっていることもあり、コラム同様、楽しみにしている方も多いようです。

SCENE.4 COMPANY

仲間

OFF Theatre

堂本の舞台は、カンパニーとよばれる一座全体のファンも多い。事務所の後輩であるジャニーズJr.をはじめ、それ以外のダンサーやパフォーマーもベテランから若手まで多数出演しているが、分け隔てなく接しているためか、稽古中も雰囲気がいい。

SCENE
COMPA

SCENE.5
SING 歌う

弦の音が聞こえづらい、ベースの音がぼ〜ぼ〜する…など、会場に入ると音の問題というのが意外と多い。高い場所だったり、外周だったり、歌う場所がいろいろあるため、聞こえ方が様々なのだ。サウンドチェックでそれらを解決していく。

SCENE.5 SING

SCENE.6 DANCE 踊る

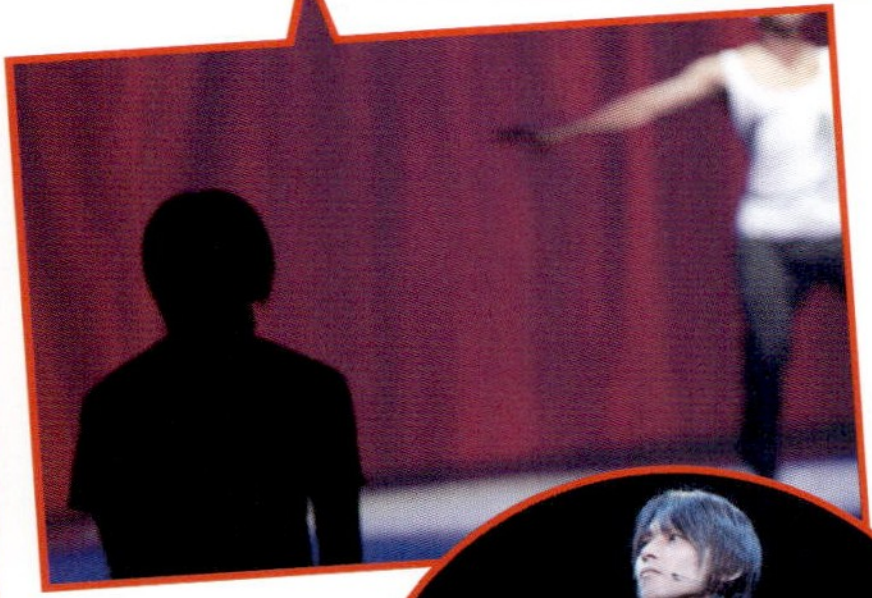

SCENE.6
DANCE

CENE.6
ANCE

フォーメーションで見せるダンスが多いため、立ち位置と振り付けを入念に確認。照明フリークの堂本は、ここに「あかりの当たり方」というこだわりも加わる。

熱いリズム

2015年に行ったソロ曲の現場ショット。272、274Pはミュージックビデオの撮影風景。フード付きの衣装は見た目こそいいが、着心地はよくない。273Pは番組収録風景。振り付けでミスしたことを隠しきれず、終わった後に思わず舌をペロリ。

SCENE.6
DANCE

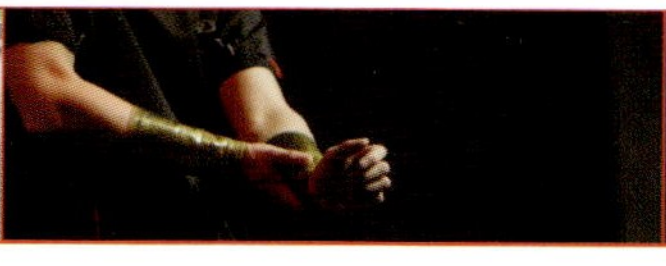

CENE.6
ANCE

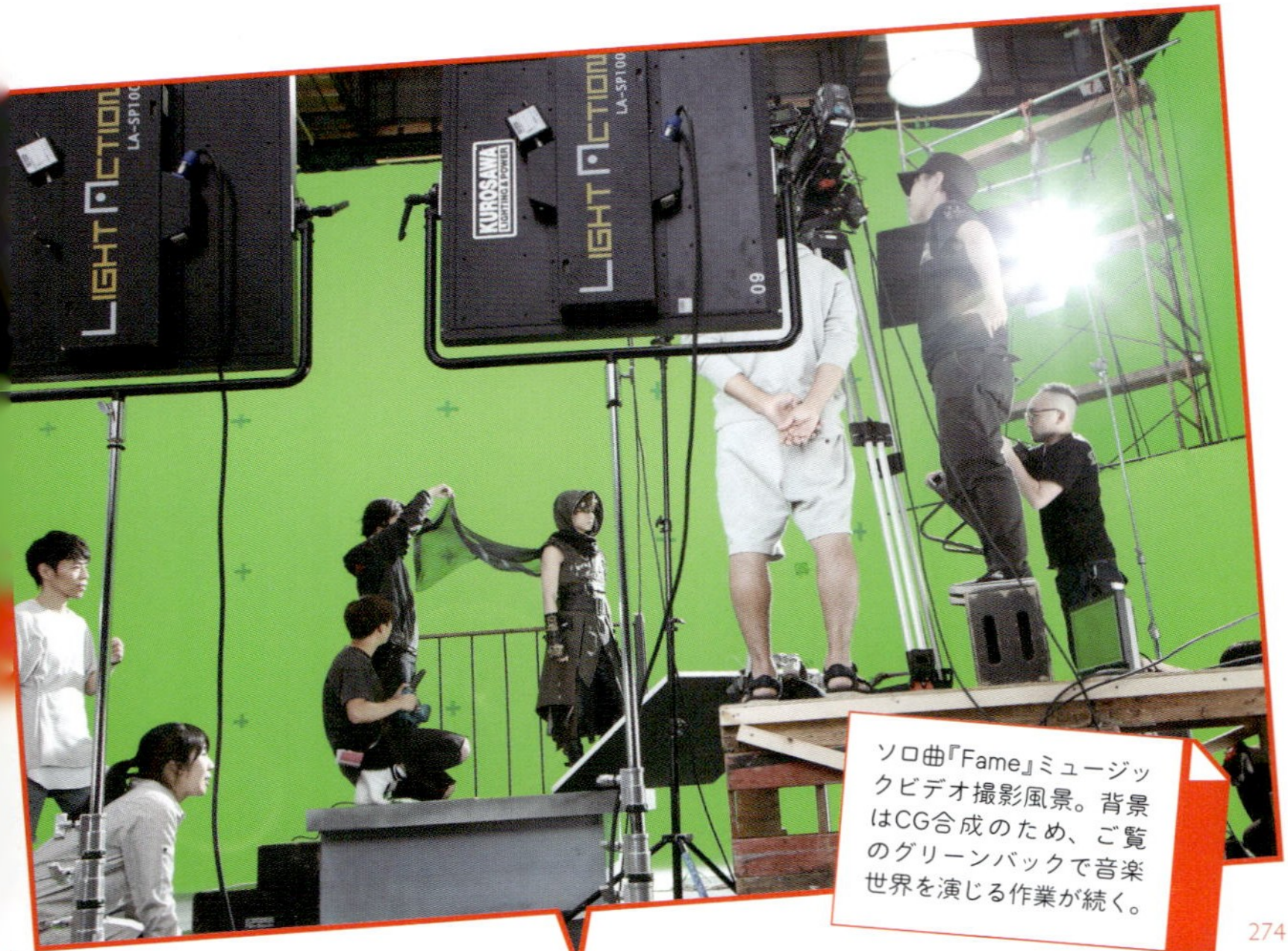

ソロ曲『Fame』ミュージックビデオ撮影風景。背景はCG合成のため、ご覧のグリーンバックで音楽世界を演じる作業が続く。

2015年は8年ぶりにドラマ出演。3月に放送
れた『天才探偵ミタライ〜難解事件ファイル「
を折る女」〜』(フジテレビ系)現場でモニター
エック。舞台での演技とは違う神経を使う。

SCENE.7 ACT

演じる

しゃべる

SCENE.8 TALK

SCENE.8
TALK

後輩のKAT−TUNが司会をする『ザ少年倶楽部プレミアム』（NHK−BSプレミアム）に出た際、「アイドルなのにウインクができないといううわさは本当」と実践。他に、下ネタが炸裂しすぎて局のスタッフから制止されるひと幕も。

ホント？

ウソ

ウソ

『Endless SHOCK』15周年を記念して、帝国劇場に1722名のファンを迎えての制作発表。ファンからの質問を本人が目の前まで行って受けるというサプライズ演出に、会場は歓喜と緊張が渦巻くカオスな空気に。

SCENE.9 EVENT イベント

SCENE.10 LIVE ライブ

2012年ソロコンサート『Gravity』照明作り。こうやってスタッフと延々照明を見ながら演者の視点から要望を出す。

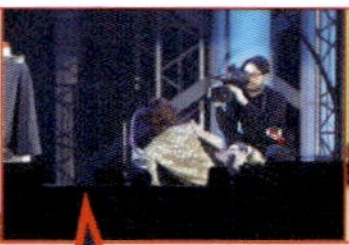

毎年年末年始に開催されるKinKi Kidsコンサートは、元日の東京ドーム公演で光一の誕生日を祝うのが恒例。2015年は相方の堂本剛からもらったダイソンの加湿器を持参し、ステージで寝転がってあたってみせた。自由すぎるドームの使い方。

CENE.10　LIVE

SCENE.11
???

写真セレクトの際、デジャヴにかられるこのポーズ。様々な場所でやっている。クセ？

#22 当事者なのに何もできないというジレンマ

2015年3月19日、僕が主演するミュージカル『Endless SHOCK』の舞台上で、機材トラブルによる事故が起きてしまいました。多くの方々にご迷惑をおかけし、またお騒がせし、申し訳ありませんでした。

あの日何が起きて、僕らはどうしたか。今回はそれを改めて振り返りながら、事故を通して自分なりに学んだことをお話しします。

その日は昼・夜2公演を予定していました。昼公演のラスト近く（15時50分頃）、僕が舞台袖で次の衣装に着替えてスタンバイしている最中に、ダンサーやスタッフの空気が一変したのを感じました。凍り付いたような気配。衣装を着込みながら顔を上げてみたら……ステージで巨大なLEDモニター2枚が後ろから前へと、ドミノ倒しの状態で倒れたところでした。

あの光景は忘れませんけど、まぁ、ああいう瞬間というのは…人間の目って見たものを認識するまでにしばらくかかるものですね。我々にとってはもうずーっと毎日同じ舞台を見ているわけで。その同じであるはずのステージ上で、見たことのない光景が広がっているのを、まず脳が受け付けない状態で、すごく不思議な感覚でした。「何だこれは?」と。

ただ、いろんな報道が独り歩きしてるようですが、悲鳴が起きたとか、激しい音とともに崩れたとか、実際はそんなことは全くありません。悲鳴をあげる人なんてひとりもいなかったし、倒れる音も、大音量で鳴ってる音楽にほぼかき消されてました。僕の耳にも届かなかったくらいですから。

何しろ舞台にはトラブルが付き物です。その時点で事態の大きさが分からなかった僕は、過去にもあった大小のトラブルがそうであったように「芝居を続行できる」と踏んで、とりあえず着替えを完了させました。もちろん様子を伺いながら。…って話すとすごく長い時間に感じますけど、実際はおそらく数十秒の出来事だったと思います。

すぐに舞台監督の指示で一旦幕が下り、音楽もそのあたりで止まりました。それで「あ…続けられないんだ」と理解し、僕も着込んだ衣装を脱ぎました。

幕が下りるまでの数十秒間、舞台上では、まずアンサンブルのメンバーが、下に人がいることに最初に気付き、パネルを起こそうとしていました。他のメンバーは、踊り続ける人は踊り続けて、気付いた人はすぐ救助に向かって…という状況。舞台前方にいた屋良（＝屋良朝幸）とエマ（＝ラフルアー宮澤エマ）は何らかの異常に気付きながらも、振り返らずに踊り続けたんですが、それによって、お客さんがパニックに陥らずに済んだというのもあると思います。

ちなみにその時、越岡（裕貴、ジャニーズJr.）が真っ先に駆けつけたというのうわさはガセです。彼はその場面出てませんし、本人も「なんか俺、ヒーローになってるみたいなんですけど(汗)」と戸惑ってました。お客さんたちもきっと混乱気味で、思い違いしたんでしょうね。

とにかくその時ステージ上にいた人間は、それぞれがやるべきことを全うしたと思います。みんな非常に、非常に冷静だった。

幕を下ろし、けが人の確認が取れたところで、ひとまず僕が幕の前に出て状況を説明しました。「けが人も出ているようなので少々お待ちください」と。で、数分のうちに公演の続行不可能が確定し、もう一度幕の前に行ってシーンとした客席にそれを伝えました。

1回目のアナウンスをしてハケるときに初めて、近づいてくる救急車の音が聞こえたのをよく覚えています。上手の袖の奥に大きな搬入口があるんですが、そこに車が入り、警察も到着。あのサイレンの音は正直、ちょっと恐怖でした。多分お客さんたちにも聞こえてたでしょうし、そこでいよいよ「あぁこれはまずいな」という実感が湧き上がってきた。

「今すぐ帰宅して」と指示が

お客さんに退場していただくのとほぼ並行して、演者は楽屋へ。僕はすべての公演をビデオに撮ってるので、問題の瞬間を繰り返し見て事態を確認。するとしばらくして「演者は全員、稽古場に集まるように」と声がかかりました。集められた場で、夜公演が中止になること、明日以降のことは連絡を待つことを告げられました。そして僕に関しては「今すぐ帰ってください」と。メディアが殺到する混乱を少しでも避けるために。

…正直、座長である自分が、こんな状態のまま劇場を去るのは不本意に思いました。でもメディアは僕がどんな表情をしているか撮りに来るわけで、もしつかまったら現場のパニックを広げることになる。そう説得されて渋々、劇場を後にしました。状況報告は逐一くださいとお願いして。それが夕方5時くらいでしょうか。

結果、スタッフのその判断は正しかったと思います。情報が錯綜するなか、事故原因が分からない僕がカメラの前に出ても話せることは何もない。何をどう話したところで、混乱を大きくするだけでしょうから。

『SHOCK』は演劇というジャンルにおいて、普段から「日本一チケットが取れない舞台」とか、良い面を大々的に宣伝していただいてます。そういった意味では、影響力のある作品だからこそ安全面でも他を牽引していかなきゃいけないという責任を改めて痛感しました。注目度が高い分、悪いことも大きく報じられるのは当然で。

僕のあと、間もなく他のキャストたちも家に帰されたそうです。ああいう時の演者というのは悲しいかな、現場にいてもできることは何もない。ステージに立つのが仕事、それしかできないんです。

自宅に帰ってからはひたすら電話待機です。警察の判断がまだ分からない状況でしたが、ひとまず「明日どうなるのか」が論点になり…東宝の人にはこう伝えました。「俺の一意見としては、明日の公演、やるべきだと思う」と。

事故翌日から上演すべきだと思った

けが人はキャスト5人にスタッフ1人の計6人。上演の可否は警察が決めるので、もはや僕や制作スタッフの一存で判断できないのは百も承知でした。それでも僕は迷いなく「やりたい」と思いました。それはきっと、続けてきたことで宿った本能とか衝動のせいかもしれません。やらないと余計に悪いニュースが独り歩きしてしまうような気がして。

次第にけが人の状況が入ってきて、「1名重傷」と報道されたメンバーも、幸い大事に至ってないと分かりました。実は2日後にはピンピンしてる姿を見せに劇場に来てくれたんです。さすがに出演はできませんけど、「手伝えることはありませんか」って。骨折した他の人も、自分が抜けた穴を埋める変更プランを考えてくれたり。それくらいみんな元気だった！

どのメンバーも自分のけがより、翌日からの公演を心配してくれたのには胸を打たれました。事故を美談にするつもりはありませんが、演者としての彼らの姿勢と熱意には、ただただ頭が下がりました。

その夜の僕は「明日、幕を開ける」ことだけを考えていたように思います。演者にできることは、ステージの幕を開けるための準備だけなんですよね。現場の後処理は担当スタッフに任せるしかないわけで。

朝5時か6時頃、少し寝ることにしました。僕の中ではもう「やる」で腹をくくってたから、公演に備えて眠らなきゃと。自分でも意外なくらい、動揺や不安は一切なかったんです。

（2015年6月号）

#23
失敗から、こんなにも教わるなんて

帝劇事故の翌日は、夜6時からの公演の日でした。普段なら午後3時ころに劇場に入るのですが、この日は11時くらいに入って、上演再開のための変更プランをみんなで練っていきました。

問題となった移動式LEDモニターを使わないプランをはじめ、キャストが欠けた部分をどうするか。あと、改めてすべてのシーンについての安全確認も含めて、ステージ上でリハーサル。警察の上演許可はまだ出ていませんでしたが、出ると信じて待ちながら。

稽古をしていると、「やっていい」という最終通達が来ました。その瞬間のみんなは淡々としてましたね。なぜなら、すでにやるつもりでいましたから。

けがで抜けるキャストは4人。うち、JAC（※）のメンバーが2人いました。アクションシーンでは特に核となる彼らだけに、殺陣のシーンはかなりの痛手です。1幕のクライマックスはまさにその合戦場面ですから。

『Endless SHOCK』の殺陣シーンはただでさえ手数が多いんですが、彼らがやったのは、すでに目一杯の自分の手数をさらに増やしながら、抜けた2人の分まで立ち回るということでした。それを当日数時間の稽古でやってのけた。中には合戦途中で〝謀反〟を起こしているヤツもいる！（笑）つまり初めコウイチ軍にいたのに、途中で衣装を替えてさりげなく敵軍に加わる――という一人二役、八面六臂の活躍をしてくれたメンバーがいるんです。ああいうときのJACは本当にすごい！

実はその日の稽古は、いつものように笑う余裕もありました。深刻な顔してたってかえってよくないことを、みんな無意識に分かってたんだと思います。

前日の晩には事務所の先輩や仲間が電話をくれましたけど、彼らも一様にそういうスタンスでしたね。重たいことは何も言わない。例えば中居（正広）くんは「おう。まぁ……しょうがねえなァ！」って、それだけ。長瀬（智也）も「どお？　大丈夫～？」って、いつものトーン。やっぱりみんな、それぞれの現場で先頭に立ってるから、人を安心させるコツを心得てるんです。ああいうときに「きっと大丈夫だよ！　頑張って！」みたいに励まされると、余計にプレッシャーがかかる（苦笑）。事が大きければ大きいほど、軽やかな気持ちを保ってリラックスしてないと、人は力を出せないんです。

実は僕が最も心配だったのは、事故のあった箇所を直接操作していた道具さん（＝道具スタッフ）のメンタル面でした。けがした人のことが心配なのは言うまでもありませんが、けがをさせてしまった側の心の傷は、相当大きいんじゃないかなと…。心の傷ってずっと残るから。自分を責めて、下手したら今後『ＳＨＯＣＫ』をやること自体が怖くなっちゃったら嫌だなぁと気掛かりだったんです。

ところがその日、彼らは演者に対してナーバスな気配を一切見せずに作業していました。何事もなかったかのように、いつも通りに。これが演者にとって、どんなにありがたいことか。こういうときは演者のほうが表面に出てしまう人が多いので、裏方の人たちの精神力の強さに感服しました。

ただ、6時の開演直前。幕が開く本当の直前、大階段の上にスタンバイしていた僕を、下から「座長！」と呼ぶ声がしました。見れば大道具の棟梁が。「座長、頑張りますんで！」――棟梁はそう一言だけ言われました。

僕も、いつもなら黙々と階段を上ってスタンバイしちゃうんですけど、この日はみんなに声をかけに行きました。「我々はステージに立つことしかできないから、あとはスタッフを信じてやろうね」って。これは、『SHOCK』初演の時に僕が東山（紀之）さんからかけられた言葉に通じることです。

淡々と見えてはいても、アンサンブルのメンバーは大変な変更プランをいっぱい抱えて緊張してるだろうし、女性キャストの中にはちょっとナーバスになってる子もいるみたいでした。でも、僕の中では「絶対に乗り越えられる」という自信がありました。その根拠はやっぱり、信頼のおける共演者とスタッフがいるから。「ああいうことが起こるとキャストとスタッフ間の信頼関係がグラつくのでは？」と危惧する向きもあるかもしれませんが、それは一切なくて。

批判も責任もすべて来い

事故の翌日にすぐ幕を開けることに対して、いろんな声が上がるのは覚悟の上でした。再開した中で万一何か起きたら、取り返しがつかない事態になるのは分かっています。でも、そんな批判も責任も、「すべて自分のところに来い」が僕の正直な心境でした。そう思ったら、迷うことなんて何もなくなった。

それはずっと座長をやらせてもらってるわけだから、当然のことですよね。15年やらせていただいているとありがたい評価のときも僕の名前が先頭に出てきます。逆にこのような状況での判断や責任を矢面に立ってすべて自分が受けなければ、舞台の先頭に立つ資格はない。だから自分を守ることは頭をよぎらず、むしろ逆だった。翌日からの再開も、自分のことはどうでもよくて、〝人のためにこの舞台を成功させなきゃ〟、その一心でした。だから批判も何も怖くなくて。

その日、幕を開ける前にお客さんにあいさつをしたのですが、それは僕から東宝さんにお願いしました。「（公演の）一番最後にしたら？」と言われたんですけど、「いや、幕を開ける前に1回しゃべらせて」と。じゃないとお客さんが身構えてしまい、作品そのものを楽しめないと思ったから。

「どうして昨日の今日で幕を開けた？」と聞かれたら、自分でもいまだに理由は分かりません。分からないけど…とにかく全部受け止めた上で、お客さんに対しても世間一般の皆さんに対しても、パフォーマンスで信頼を取り戻すしかない、とはっきり思いました。15年の積み重ねと信頼関係、そしてこの作品自体が持ってる〝夢〟を、幕を開けることで証明したかった。「失敗を真摯に受け止めました、だから中止にします」というのは、僕は違うと思うから。

――で、おかげさまでその日の公演は無事に終わった…んですけど、正直言うと、その回はめちゃくちゃ疲れました。というのは、通常にも増して〝ただのひとつもミスが許されない公演〟だったから。ほんの些細なミスが事故のことを思い起こさせて、お客さんもキャストもスタッフも、みんなを動揺させてしまいますから。

僕自身の中にも、芝居をする上で多少の弊害がありました。今回の事故は、ショーの最中に取り返しのつかない事故が起きてしまうという『SHOCK』のストーリーとあまりにもリンクしていたから。だから劇中、そういったセリフが出てくると、役を演じる上で厄介な感情も当然湧き起こります。「これは演技だ、現実と混同させないように」と自分に言い聞かせながらやりましたけど。

でも、この経験を通して役柄の新たな部分が見えたのも事実です。15年間もひとつの演目をやっていると、口や体が覚えてしまっている部分も多い。なのに「このセリフでこんな感情が生まれるんだ」といった瞬間がいくつかあって。

本来は、事故がなくてもそういう発見をできなきゃいけないし、カンパニーの結束やエネルギーを深めていかなきゃいけないんでしょうけど、残念ながら失敗を経て発見してしまうことってあるんですよね。

今回でいえば、「前を向いて、進んでいかなきゃいけない」ことの大切さは、悔しいですがたくさん学びました。起きたことを受け止めた上で、何を学び取るか。人間は学ぶことができる生き物なので、僕も今回の経験を無駄にしてなるものか！　と思っています。

（2015年7月号）

※…ジャパンアクションクラブ。現在は名称が変わり、ジャパンアクションエンタープライズ（JAE）。

#24 作り手の度量を感じた2つの現場

2015年・夏、僕にとって時代劇初出演となる『陰陽師』(テレ朝系)が放送されます。僕は〝陰陽師〟こと安倍晴明の親友・源博雅役で、撮影は岩手オールロケ。3週間弱、連日、朝から晩まで撮影でしたが、泊まり込みでひとつの作品に集中できる環境はありがたいものでした。

脚本を読んでみた最初の感想は…「これどうするの⁉」です。だって明らかに予算のかかりそうな企画だったから(笑)。でもそこが制作サイドの意図だとピンときました。今、地上波で時代物を作るのはかなりキツいはずだけど、できるんだってことを示したいんだろうなぁ…と。それはもう、赤字覚悟の意気込みというか。

加えて面白いなと思ったのは、制作にオスカープロモーションが入っているのに、メインキャストにひとりもオスカー所属の俳優がいないこと。僕が言うのはおこがましいですが、そこに事務所の度量や志を感じ、「自分でよければ飛び込ませてもらおう」と出演させていただくことにしました。

ただ、僕に源博雅役というのは、少し不思議な気がしたのも事実。過去に映像化されたこの役はどっちかというと、顔も体格ももっと男くさいイメージがあったから。でもそこにとらわれると僕に話がきた意味がないから、自分なりの解釈で撮影に臨みました。

博雅は笛の名手なんですが、これがもう…衝撃でした。僕の知ってる〝音楽〟とは別世界すぎて。

雅楽って、すべて勘なんですよ（笑）。小節もなければいわゆる楽譜もない。「ここは4分の2拍子ですよね？」って笛の先生に聞いても分かってもらえない。一応譜面はあるけど、ドレミじゃなく、漢字だし！（笑）縦書きで、中ナントカ、下ナントカって。拍数もメトロノームで刻むような正確なものじゃなく、〝パン、パン……パン〟ってリズムが一定じゃない。〝感覚〟で刻むんです。

ダンスをやっていると「感覚を体で覚えるのは得意だろう」と思われがちですが、僕は意外と頭で覚えるタイプ。音に関しても頭の中で譜面に変換していくクセがあるから、理屈が理解できれば早いけど、できないと停滞してしまう。だから今回は、これまでの音楽の知識をいったん捨てるつもりでの挑戦となりました。

しかも使った笛は、すごい肺活量が要るので、本気で吹くとかなり頬が膨らんでブサイクな顔になります（笑）。でも監督は「絵的に美しいほうがいい」と言う。なので吹いてる姿にも気を配らないといけなくて…。

そういう、〝リアリティーと美意識のジレンマ〟みたいなことは他にもありました。『陰陽師』って、時代劇だけどある種ファンタジーじゃないですか。だから、時代考証は必ずしも完璧でないほうが、ドラマとして映える場合があるんです。例えば言葉遣い。台本に書いてあるセリフが現代語っぽいので「このままでいいんですか?」と監督に聞いたら、「このほうが晴明との仲の良さが伝わるから」って。そのさじ加減を探りつつ…という感じでしたね。

ラブストーリーの要素も何気に強いです。博雅は、青音という女性に恋焦がれて追いかける。恋愛に突っ走る役なんてめちゃくちゃ久しぶり。『P.S.元気です、俊平』(99年)以来ぐらい?(笑)

でも恋愛に限らず博雅のそういうストレートな性格は、演じる上で一番気を付けたところかもしれません。やや直情的だけど、隠し事ができず、身分の上下や出世欲にも無頓着。そういう人だからこそ晴明が、友として心を許せたんだろうし。

晴明役の市川染五郎さんは、普段は非常にシャイな方でした。僕が言うんだから相当です(笑)。最初の頃は会話もほぼなかったんですが、役柄の親密な雰囲気を出していく上で、それは障害にはなりませんでした。なぜなら当時は現代と違って、親友に対しても一定の距離は保っているという世の中ですから。でも撮影が進むにつれ打ち解けていって「こういう笑い方するんだ」なんて瞬間も多々ありました。僕の最後の日かな？　他の出演者が持ってたカメラで記念撮影したり…。

言うまでもなく染五郎さんは歌舞伎の世界のプロフェッショナルですから、やっぱり所作にしても何にしても完璧。衣装も普段着のように着こなしてました。声も素晴らしかった。舞台のそれとは全く違う平坦な発声で、決して張らない、逆に小さいくらいの声なんだけど、セリフに命が宿っている感じがするんです。さすが妙技だな！　と勉強になりました。

このタイミングで時代劇を経験できたことは、自分にとって大切な財産になったと思います。撮影が終わった時には「もう少しこの環境で芝居していたいな」って思ったくらい。笛以外はね（笑）。

MJ企画の裏にあった葛藤

岩手ロケの間は、ソロ制作も同時進行していたので、烏帽子姿で様々な電話打ち合わせをしていたんですが、先日（6月12日）『ミュージックステーション』でケント・モリさんとやったマイケル・ジャクソンのダンスセッションの話もこの間に持ちかけられました。

光栄なお話とは思いましたが、「断ろうかな…」というのが最初の心境。理由は、僕にとってマイケルは神様すぎるから。

僕はダンスが大好きだけど、マイケルの路線を目指してきた人ではありません。むしろ、早いうちから「マイケルにはなれない」と思い、「だったら自分にしかできない表現を見つけよう」という考え方でやってきました。演出面でインスパイアされたことはありますが、好きだからこそ、踊りにおいてマイケルのマネをしようと思ってこなかったんです。

でもこの話を受けるということは、マイケルの踊りをしなければならない。だから「どうしよう、今までの自分の意に反するな」と。

受けるにあたって、マイケルの振付師であり、僕の舞台でも振り付けをやってくれているトラヴィスに相談しました。すると「光一は光一の表現をして楽しめばいいんだよ」というメールがきました。その時点では番組の細かいところまで説明してなかったのに、僕の迷いの本質を見抜いていたことにびっくり。そしてこの言葉で吹っ切れて、いつもの、僕流のダンスで臨むことにしました。

練習は3時間×2日間。他にも並行していた仕事があったので、少ないほうだと思います。トラヴィスからの激励はあったけど…それでもやはりこれに出ることは勇気の要ることでした。

視聴者はどうしたってマイケルと比べて見るだろうし、そこで「キレがない」とか言われるのは明白なわけです。僕自身、誰かがマイケルのオマージュとかやってるのを見ると、たとえどんなに上手なダンサーでも「何してくれとんねん！」と思っちゃうほうだし。でも「俺の表現はこれです！」という強い気持ちでやりました。「マイケルをやろうとするのではなく、リスペクトする気持ちの中で自分の表現をすればいい」――トラヴィスがくれたその言葉を信じて。

ダンスのみのコラボは『Mステ』初だったそうです。実はそれも今回出ようと思った決め手でした。『Mステ』は音楽番組としてのこだわりがあるから、出演者に対していろいろな制約があります。「原則シングル曲で」というのはそのひとつで、ある意味保守的。そんな番組が、新たな試みをしようとするのを断ってしまうのは申し訳なくて。

ケントも「マイケルファンはみな兄弟」という考えの人だから、僕の姿勢を受け入れてくれました。葛藤もありましたけど、結果やってみてよかったです。何よりトラヴィスの言う通り、自分自身が踊りを楽しめましたから。

（2015年8月号）

#25 〝見る音楽〟を作り込むミュージックビデオの世界

7月8日にソロアルバム『Ｓｐｉｒａｌ』が発売されました。この初回盤にリード曲『Ｆａｍｅ』のＭＶ（ミュージックビデオ）が付いているんですが、6月にリリースした先行シングル『ＩＮＴＥＲＡＣＴＩＯＮＡＬ／ＳＨＯＷ ＭＥ ＵＲ ＭＯＮＳＴＥＲ』も初めて〝ＤＶＤ＆Ｂｌｕ－ｒａｙシングル〟という形態をとりました。というわけで、今回はＭＶ制作についてお話ししたいと思います。

まず、ＤＶＤシングルという形に至った経緯ですが…実は非常に複雑な二転三転がありました（笑）。なかなか思うに任せず悩む中、尊敬するニシキさん（＝少年隊の錦織一清）にいろいろ打開策を相談させてもらったりして。

ですが、最終的にこういう形態でシングルを発表できたことに、自分としては満足しています。アーティストにも楽曲にもいろんなタイプがある。なかにはMVに向かない、耳だけで楽しませるほうがベストな人／曲も当然あります。だけど僕の場合はどっちかというと〝作り込む〟表現方法が好きだし、ステージにおいても音楽を可視化するということに力を注いでいるから、映像込みのシングルには比較的向いてると思うんです。

アッパーなEDMの『SHOW ME〜』はミュージカル要素の入ったMVにしました。これはある種、僕の定番スタイル。最初のソロアルバム（06年『mirror』）に入っている『下弦の月』という曲もそうでしたが、僕の作品にはストーリー性の強いものが多い。

一方の『INTERACTIONAL』は対照的に、潔くいろんなものを削ぎ落として、〝何もない〟と言ってもいいほどシンプルな世界。ミディアムソウルのこの曲は、オケ自体がシンプルなこともあり、自ずとMVもシンプルを極めようということになりました。

実は最初のシングル候補は『Ｆａｍｅ』『SHOW ME～』の2つだったんですけど、どちらも今までやってきた感じのガツガツ踊る曲調。で、ＤＶＤシングルの形で発売しようと決まった時に、『ＩＮＴＥＲＡＣＴＩＯＮＡＬ』が急浮上しました。この曲はこれまでやってなかったタイプなので、違ったテイストの映像を作るなら、「もう36歳だし、こういう大人っぽい感じもアリなんじゃないの？」と周りからも言われて。

この曲の振付師を紹介してくれたのがニシキさん。これはもろニシキさんの得意とする雰囲気の曲です。これまで僕がよくやってきたガツガツ・オラオラ系の踊りが〝音楽を使って見せつける快感〟とするならば、『ＩＮＴＥＲＡＣＴＩＯＮＡＬ』は音に乗り、グルーヴに乗り、自然に体が動く気持ちよさを魅せる。意識の持ち方が全然違うんです。踊っているとどんどん気持ちよくなってくるダンスで、大げさな言い方をすれば「あ、自分はこれがやりたかったんだな」とさえ思いました。で、できることならこれを踊ってるニシキさんを僕は見たい。

2作に共通して言えるのは――撮影が早く終わったこと(笑)。だいたい僕のソロの映像物って、午後から撮影を始めて終わるのが朝の4時、5時なんですが、今回はまだ暗いうちに終了できました。

早く終わった一番大きな理由は、フィルム撮影から、デジタル撮影になったことじゃないかな。MVの世界ではドラマなどに比べて、フィルム撮りが割と近年まで続いていたんです。デジタルは色味やトーンを後からどうとでも調整できる分、照明のセッティングとかの時間も格段に短くなります。

僕の場合、MV作りのスタート地点は2パターンあります。自分から「こういう画でいこう」と明確に浮かんでそれを提示する場合と、スタッフにざっくりしたイメージだけを投げて「どんな感じで撮りたいか」を考えてきてもらう場合。『INTERACTIONAL』をはじめ、過去作品の『Deep in your heart』『Bad Desire』などは前者。『SHOW ME〜』『F ame』は後者です。特に『Fame』の時はドラマ（『陰陽師』）撮影で岩手の長期滞在が重なってたから、どうしても自分で全部はできなくて。

「ゴメン、曲変えていい？」

岩手で思い出しましたが、今回の『Fame』のMV、元々は（同アルバム収録の）『MUSE』という曲で撮るつもりだったんですよ。だけどドラマの撮影中に、「やっぱり『Fame』のほうがしっくりくるかも」と思って。作業は『MUSE』でどんどん進行していたんですが、時代劇の衣装の烏帽子をかぶったまま、東京のスタッフに電話をしました。「あ、衣装とメイク決まった？ ダンサーさんも決まった？ うん、うん、それでオッケー。……ところで曲、変えていい？」（笑）。

…なんて言うと、とんでもない気まぐれで大勢のスタッフを振り回してるように聞こえますけど(笑)、曲以外は何も変えなくてもいいと思ったから言えたことなんですよ。つまり元々『MUSE』でやろうとしてたビジュアルをそのまま『Fame』に移しただけ。考えれば考えるほど、「そのほうが合うんじゃないか?」って思っちゃって。

そうやって準備を整え、撮影の前日・前々日あたりに振り付けを覚えて、いざMV撮影当日です。

全体のカット割は前日くらいに絵コンテを見て、ある程度把握して現場に行きます。ただ、ダンスパートに関してはカット割を決めて撮るわけじゃなく、〝引き〟や〝寄り〟などいろんな角度で何パターンも撮影しておき、その素材の中から最もいいものを組み合わせてバランスよく編集していく…というやり方を採っています。

ですから、あとで困らないよう念のため、ダンスシーンはうんと撮る。先ほど言った「朝までかかる」理由がここにあります。〝全体〟〝真ん中〟〝ちょい寄り〟〝サイド〟〝サイドのちょい寄り〟…作品によっては〝空撮〟なども。アングルを変えて何度も何度も、同じダンスを踊ります。

もしかしたらMV1本の中で1～2回しか使わないアングルであっても、一応最初から最後までフルで撮っておく、というのが僕のやり方。後で「やっぱこっちも欲しかった～」っていうのは嫌ですから。それに、ダンスって、事前にカット割を考えて撮っちゃうと、つまらないものになるんですよ。

同時にいくつもカメラを回していっぺんに撮ればいいじゃないか、と思われるかもしれません。それができれば僕たちも楽なんですが、普通、カメラはそんなに何台も用意できないものなんです。1台か、あっても2台。テレビ収録とは違うんですね。それは主に予算の関係で。

MVの監督はその都度違います。全く外部の方々ですし、当然ながら監督は映像のプロであってダンスのプロではないので、振り付けを細かい所までは把握していません。なのでそこは結局、現場主義にならざるを得ないんです。

監督の思い描いてる画と、僕自身の見せたいものがぶつかり合うときももちろんある。例えば『Ｆａｍｅ』のときは「人物の〝寄り〟を撮りたいので、振り付けの上下動を抑えてほしい」と要求されました。カメラのフレーム内に収まる動きをしてほしいということです。

でもそれは明らかに僕の表現したいものを殺した画になるので、はっきり「それは撮るに値しない」と伝えました。話し合って監督も納得。逆に監督が「こういうふうにしたい」と言って「だったらここは変えちゃおうか」と、こちら側が折れることももちろんあります。

ＭＶ作りに関しても僕は、ほかのものづくりと同様、大枠のイメージだけ固まっていればあとは現場で話し合って作っていくスタイルですね。まぁ現場スタッフにとっては迷惑でしょうけど（笑）。

（２０１５年９月号）

#22

パネルが倒れた『Endless SHOCK』2幕終盤のシーン（写真はゲネプロ時）。右側の白い壁に見えるのが高さ7メートルの可動式LEDパネル。6枚のうち上手方向の2枚が倒れた。1枚の幅は3メートル、重さ650キロ。

このパネルは映像を精巧に映し出すことから、劇中の様々なシーンに用いられている（写真は稽古風景）。移動はすべて人力で行っている。

#23

「事故にならなくてよかった」というセリフがある場面。「何があってもショーは続ける。当たり前だろ?」とコウイチは答える。事故後はやりづらい場面でもあった。

右ページ/『Endless SHOCK』の殺陣シーン。動線が綿密に計算されているので、ひとりでも欠けると大きな影響が出る。

#23

2015年3月19日、事故当日の帝劇前。夜になっても報道陣や見物人の数が減ることはなく、報道陣の中には「パネルが倒れているステージを撮らせろ」と劇場関係者に詰め寄る場面も。この時点ではとても翌日に幕が開くとは思えなかった。

#24

2015年9月に放送された『陰陽師』（テレビ朝日系）に安倍晴明の親友・源博雅で出演。「衣装は5～6枚重ね着しているから、トイレが大変。回数をできるだけ減らすべく、水分を摂らないようにしてました。衣装部に『SHOCK』の衣装さんもいましたよ（笑）」（堂本）。

25

ミュージックビデオ撮影現場で監督やスタッフと話し合う堂本。

『INTERACTIONAL』のダンス。セットも至ってシンプル。

『Fame』MV撮影風景。カメラの横移動ひとつとっても一直線で動いたり、上のようにアールをつけたり。下は縦に追っていくバージョン。

あとがき

2年あまり前にこの連載の企画が舞い込んだとき、なぜ引き受けたのか。それは、単純に僕が「来るもの拒まず」のスタンスだからです。どうやら堂本光一は取材嫌いで連載なんて無理だとうわさになってるようですが(笑)、僕は案外、来るもの拒まず。オファーがいただけるのであれば「え～？」って言いながら、大体のことはやるんですよ。意外と(笑)。

僕の脳のつくりは全く言語的じゃなく、どちらかというと感性で生きてるタイプですから、物事を話すことによって余計に自分の考えが分からなくなってしまうこともままあります。「ん!? 俺の言ってること、めっちゃ矛盾しとるやん！」って。だから本当は話さないほうがいいんです（笑）。

とはいえ、『日経エンタテインメント！』がどういう雑誌かは以前から知っていましたから、他の雑誌よりはいろいろと本音で物事の真髄について話していけるんじゃないかな？ と期待したのは確かです。仕事の理論などをじっくり話す機会ってなかなかないですし、自分の中で「これは（読者に）知らせないほうがいいな」と思う部分さえきちんと守れるのであれば、ひとつぐらいそういう場があってもいいんじゃないかな?…と思って。そんなわけで、連載のお話をお受けすることにしました。

僕がインタビュー取材を苦手と思うようになったのは、10代の頃、全然言ってないことや言った言葉とまるで違うことが記事になってるじゃん、というのを何度も経験したからです。それでちょっとメディアに対する不信感が生まれたんですよね。「うかつなこと言われへんなぁ」という思いから、「じゃあこれも言わんとこ」「あれも言わんとこ」になってしまった。

元々、どちらかというと自分をさらしたくないタチなので、今でも取材は得意ではありません。けど、年齢を重ねるにつれ、少し柔軟に対応できるようになってきたなとは思います。例えば、話しちゃいけないようなネタもあえて全部話しまくって「さぁ、これをどうまとめるのかな?」って、記者さんや編集さんに丸投げする——という手も、かえって有効だということが分かってきた（笑）。それはもちろん、信頼があってのことですが。

この本で言っていることに関しては「こんなこと、俺なんかが偉そうに語ってええもんかな」というためらいも、常にあります。ですから読者の方々にくれぐれも留意していただきたいのは、「ここで語っていることが〝正解〟ではない」ということ。僕はあくまで個人の考え方を話しているにすぎないので、決してこれをエンタテイナーの教科書みたいに思わないでくださいね。同業者であっても異なる立場や状況があり、いろんなものを加味して考えながら皆さんやってるのであって、僕の持論がすべての場合に当てはまるわけじゃない。そもそも、自分で自分をエンタテイナーと呼ぶのもおこがましいですが。

ただ、それを踏まえた上であえてひとつ「エンタテイナーの条件」と呼べるものを挙げるとするならば、〝責任を取る覚悟〟ではないかと思っています。選択を許されることはイコール、その選択に付随するすべての責任を負うということ。良い結果が出たにせよダメだったにせよ、全部自分が受け止めるんだという覚悟がないなら、何かを決める権利はない。それは僕の中で一番したくないことですし、どんなお仕事にも共通して当てはまることなんじゃないでしょうか。

自分は芸能の世界しか知らないので、そこからの視点でしか物事を語れません。でも、連載を通してよく言ってもらえるのが、「光一さんの言葉には、我々一般の会社員にも通ずるところが多いんですよ」というもの。僕のいる世界は派手で特殊かもしれないけど細部を見ていくと、どの世界も同じなんでしょうね。編集担当の方から「会社で働く読者からこんな反響が来ました」なんていうのを聞くと、励まされるし、僕自身ちょっと参考になったりもしています。

「これからも、どんどん裏側を見せていくよ」というのは僕の主義に反するので言いませんが（笑）、「聞きたいのなら、できる限り答えていくよ」という気持ちはあります。自らあれこれ語ろうとは思わないものの、今後どんなテーマを掘られるのか、受け身の姿勢で楽しみに待っています。ですから連載の行方は、日経エンタテインメント！さんの意欲次第ですね（笑）。

2016年1月18日

堂本光一

構成／上甲薫
写真／小林ばく、アライテツヤ、中村嘉昭、辺見真也
スタイリスト／渡辺奈央
ヘアメイク／大平真輝
撮影協力／Chambre ☎03-3463-2059
衣装協力／Venom ☎03-5728-4765
NO ID.原宿本店 ☎03-3405-6474
wjk base ☎03-6418-6314
CUSTOM CULTURE（パッゾ）☎03-5371-1488
DOWBLプレスルーム ☎03-6427-4225
Karaln ☎03-6231-9091

アートディレクション／井上則人

装幀／坂根舞、阿部文香（井上則人デザイン事務所）
本文割付／土屋亜由子（井上則人デザイン事務所）

エンタテイナーの条件

〈カバーA〉

2016年2月14日　第1版第1刷発行

著　　者　堂本光一
発 行 者　渡辺敦美
発　　行　日経BP社
発　　売　日経BPマーケティング
〒108-8646 東京都港区白金1-17-3
印刷・製本　大日本印刷株式会社

ISBN978-4-8222-7272-2

本書は月刊誌『日経エンタテインメント!』
2013年9月号～2015年9月号の連載に加筆、修正したものです。

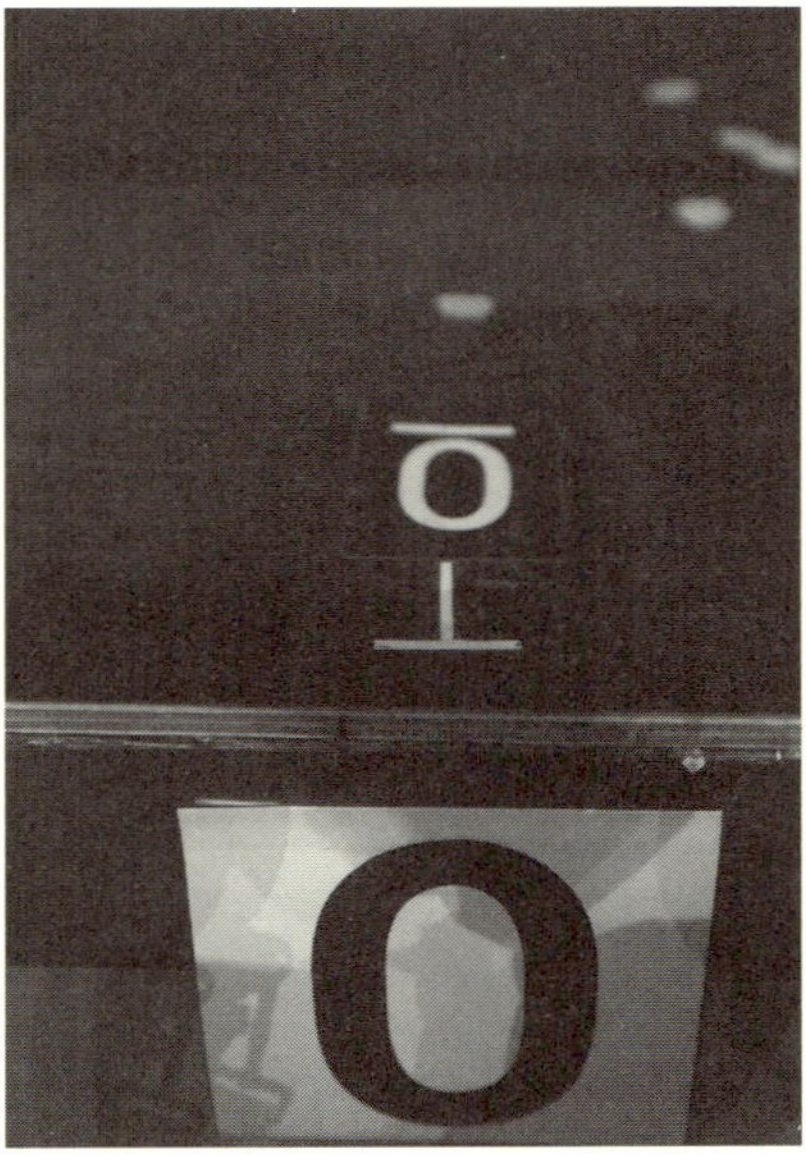